儿童博物馆教育小丛书

解密儿童博物馆,
激发孩子学习潜能

主 编:张 旎 [印尼]蒋黛兰(Stella Christie)
编 委:于雯 刘鑫 高杨 马乐 韦青改

北京师范大学出版集团
BEIJING NORMAL UNIVERSITY PUBLISHING GROUP
北京师范大学出版社

图书在版编目（CIP）数据

解密儿童博物馆，激发孩子学习潜能/张旎，（印尼）蒋黛兰（Stella Christie）主编. —北京：北京师范大学出版社，2022.6
（儿童博物馆教育小丛书）
ISBN 978-7-303-27801-5

Ⅰ.①解… Ⅱ.①张…②蒋… Ⅲ.①学前教育—教学研究 Ⅳ.①G612

中国版本图书馆CIP数据核字（2022）第023451号

营 销 中 心 电 话　010-58802755　58800035
北师大出版社职业教育分社网　http://zjfs.bnup.com
电 子 信 箱　zhijiao@bnupg.com

出版发行：北京师范大学出版社　www.bnup.com
　　　　　北京市西城区新街口外大街12-3号
　　　　　邮政编码：100088

印　　刷：北京玺诚印务有限公司
经　　销：全国新华书店
开　　本：787 mm×1092 mm　1/16
印　　张：11.5
字　　数：160千字
版　　次：2022年6月第1版
印　　次：2022年6月第1次印刷
定　　价：58.00元

策划编辑：于晓晴　　　责任编辑：郭　瑜
美术编辑：焦　丽　　　装帧设计：锋尚设计
责任校对：段立超　　　责任印制：陈　涛
封面摄影：王铮铮

版权所有　侵权必究

反盗版、侵权举报电话：010-58800697
北京读者服务部电话：010-58808104
外埠邮购电话：010-58808083
本书如有印装质量问题，请与印制管理部联系调换。
印制管理部电话：010-58805079

推荐序一

　　博物馆是社会教育的主要形式之一，是人们增长知识、增长见识的场所，有历史博物馆、自然博物馆、科技博物馆等多种形式。历史博物馆可以使我们了解祖国的历史；自然博物馆给我们展示宇宙的变迁、人类发展的进程；科技博物馆展示人类的创造发明。各个国家、各个城市都重视博物馆的建设，它标志着这个国家和这个城市的文明程度。

　　博物馆是学校教育的重要补充。儿童是博物馆的主要参观者，他们从这里可以获得课本以外的许多知识。儿童有许多特点，他们天生有好奇心，他们活泼好动、勇于探索，但一般博物馆难以满足他们的需求，所以就有教育家建议建立儿童博物馆，使它成为儿童充分进行探索体验的场所。

　　一百多年以前，美国建立了第一所儿童博物馆，随后儿童博物馆遍及世界各国。我国在十多年以前也开始了儿童博物馆的建设，但一般家长不是很了解儿童博物馆的性质、特点。为此，作者编写了本书，向广大家长介绍世界各国的儿童博物馆是怎样的一种学习环境，孩子在儿童博物馆中是如何学习的，以及怎样在家里为孩子创造像儿童博物馆一样的学习环境。这是一位家长读本，值得每一个家长读一读，以便有意识地把孩子带到儿童博物馆，并把儿童博物馆的理念带到家里，培养孩子求知的兴趣、探索的精神。

　　作者希望我写几句，是为序。

2022年1月

推荐序二

近年来,孩子的"玩耍"再次受到了人们的广泛关注。当孩子玩耍时,如果您能深入观察孩子到底在做些什么,便会明白这背后的原因。当一个一岁的孩子用他的勺子反复敲打餐椅时,他其实是在像物理学家一样做实验,看看自己弄出的声响是如何吸引您的注意并迫使您对他进行干预的;当一个两岁半的孩子小心翼翼地用积木搭建一座高塔时,他其实是在像建筑师一样做测试,看看在塔倒之前自己能搭放多少块积木;而当一个三岁的孩子用十万个为什么"轰炸"您时,他其实是在像语言学家一样做研究,看看如何运用这些复杂的词汇提问,才能得到详细的解答。只要您懂得如何观察,就能发现:孩子看似在玩耍,其实在学习!

自由玩耍本身就是学习的过程,而儿童博物馆是专门为儿童设计的学习环境。不管学习目标是STEM(科学、技术、工程和数学)、社会、语言、读写等技能的发展,还是重要的"学会如何学习",孩子在玩耍的过程中都会本能地去探索、发现和解决问题。更重要的是,在"通过游戏来学习"或我们所说的"引导式游戏"的相关文献中,有很多案例表明,在专门为儿童设计的学习环境里,如果成人能够提供适当的引导——而不是由成人来主导游戏——孩子不仅能学到更多东西,长期来看,学习效果也更好。这是为什么呢?因为当孩子在玩耍时,他们更能全神贯注,更有韧性,同时也有更多机会去动手实践。而且在游戏过程中,孩子可以像科学家、建筑师或作家那样不断尝试,从失败中吸取经验。没有任何一位科学家在第一次尝试时就取得了成功,也没有任何一位作家的创作是一蹴而就的。

"通过游戏来学习"或"引导式游戏"的相关研究已经证实了这类学习过程有助于促进儿童社会和学业技能的发展。科学家认为,因为这类学习过程符合儿童大脑的学习方式，所以是特别有效的学习途径。儿童是主动的学习者，他们需要全身心地参与到学习过程中，不应被打扰。他们喜欢学习有意义的东西，对相互脱节、毫无关联的东西不那么感兴趣。社会互动能够借由人与人之间的关系促进学习。而且学习过程应该是能够迭代的（我们可以通过多种不同的方式重新摆放积木，每次都能学到新的东西）、快乐的。现有研究表明，对0~8岁的孩子来说，"通过游戏来学习"是学习数学、空间、语言、读写、执行力等技能和培养注意力、记忆力和自控力的有效途径。

"通过游戏来学习"对于培养21世纪的核心素养和技能也非常有帮助，这些素养包括学校、社区乃至整个社会都很重视的协作能力、沟通能力、思辨能力、创新能力、克服重重困难解决问题的能力，以及斯坦福大学卡罗尔·德韦克（Carol Dweck）教授提出的"成长型思维"。这些素养和技能是儿童需要学习的。当我们把"学什么"和"怎么学"都搞清楚之后，也就破解了学习的终极密码，在此基础上再去思考如何设计适合儿童的学习环境，便能更好地促进他们的成长和发展。

张旎、蒋黛兰（Stella Christie）等学者共同创作的这本书不仅为您揭示了快乐学习背后的秘密，还能帮您把这类学习体验带回家。您在掌握了这些秘诀之后，可以自己为孩子创设学习环境，帮助孩子更好地成长，以适应未来的人工智能时代。在阅读本书过程中，您将"戴上一副专业的眼镜"，学会如何观察孩子在游戏过程中的行为。这是一个新的起点，您将发现孩子的潜力，看见那个在客厅里玩耍的"小物理学家""小建筑师""小语言学家"……

凯西·赫什-帕塞克（Kathy Hirsh-Pasek）[1]
2022年1月

---

[1] 凯西·赫什-帕塞克：天普大学心理学教授，布鲁金斯学会高级研究员，美国心理学会发展心理学终身成就奖获得者，《游戏天性：为什么爱玩的孩子更聪明》一书的作者。

写给读者的信

亲爱的家长：

在打开这本书之前，或许您从没有听说过儿童博物馆，或许您已经听说过但还没有机会去，也或许您已经带孩子体验过。无论是哪一种情况，在您心中可能都有类似的疑问：儿童博物馆究竟是什么？为什么要带孩子去儿童博物馆？家长在儿童博物馆能做些什么？如果没有机会带孩子去儿童博物馆，看这本书有什么用？

一百多年前，一群对儿童早期学习充满激情的教育专家在美国纽约布鲁克林创办了第一家儿童博物馆，他们认为儿童需要通过探索和体验来学习，而不是被动接受知识，儿童博物馆应该是让孩子能够充分进行探索体验学习的场所。儿童博物馆的学习理念随即得到了世界各地教育者以及家长的响应。随后的一百多年间，儿童博物馆迅速发展，遍布全球，成为各个国家儿童进行早期学习非常重要的场所。然而，直到十几年前，随着中国儿童中心老牛儿童探索馆的建设，儿童博物馆才拉开了在中国发展的序幕。为了让更多的中国家长了解世界各地的儿童博物馆是怎样的一种学习环境，孩子在儿童博物馆中是如何学习的，以及怎样在家里为孩子创造像儿童博物馆一样的学习体验，我们编写了这本书，希望帮您把儿童博物馆带回家。

在全世界，每年有成千上万的父母会带着孩子去儿童博物馆，因为孩子在儿童博物馆里可以享受到学习的快乐。在中国儿童中心老牛儿童探索馆里，我们经常会看到孩子眼里闪烁着好奇的光，兴奋地在场馆中四处探索。他们认真地扮演着繁忙小镇中的角色，表现出超越自己年龄的规则意识和责任心；他们在水世界里用创造力拼接水管达成目标；他们在建筑工地一起协作搭建房屋，他们在艺术工作坊中创作独一无二的作品；他们在科学探索天地开动脑筋设计自己的火箭试飞……孩子们丰富的想象力和创造力经常会让我们感到耳目一新，同样让我们感到欣喜的是能够看到很多家长和孩子一起享受探索学习的乐趣。由此，我们产生了编辑出版这本书的想法，希望把这种亲子快乐探索学习的体验分享给更多还没有机会或很少有机会去儿童博物馆的家庭。

快乐学习的体验究竟是什么样的？你会在这本书里找到答案。作为家长，您或许经历过这样的时刻，不知道怎样调动孩子的学习积极性。您想让孩子学习的时候，他却不感兴趣。在儿童博物馆里，从来都没有这样的时刻，所有的孩子都会被儿童博物馆里的展项吸引，非常投入地探索和学习。其中的奥秘是什么呢？本书中，我们会跟您分享孩子为什么学习，如何学习，以及孩子学习积极性是如何被调动起来的科学研究。作为这本书的主编，张旎是北京第一家儿童博物馆豆豆家科技馆的创始人，也是儿童博物馆在中国发展的推动者；蒋黛兰教授是认知科学家以及发展心理学家。我们一起组建了这本书的作者团队，有来自北京师范大学教育学部中国儿童博物馆教育研究中心的刘鑫和于雯，来自清华大学脑与智能实验室的博士高杨，以及长期在儿童博物馆一线的教育工作者马乐和韦青改。这个跨领域的作者团队一起用了近两年时间创作了这本给中国家长的儿童博物馆读物。我们希望用直观的方式带您游览世界各地有名的儿童博物馆，用简单易懂的方法把与儿童博物馆相关的早期学习科学研究呈现在您眼前，通过短小的视频给您揭示孩子在儿童博物馆里学习的奥秘以及家长应该扮演的角色，同时还为您提供把儿童博物馆体验带回家的具体方法。

儿童博物馆的学习强调互动体验，主动探索，这本书的撰写也遵循了这个原则。在书中，我们为您提炼了很多重点信息，方便您迅速了解本书的精髓；我们也选取了很多儿童博物馆中的照片和视频，邀请您一起观察和学习；我们还在书中为您预留了专门记录读书笔记的地方，方便您把阅读过程中获得的新知识、想法和感受记录下来。作为儿童博物馆教育者和认知科学家，我们相信真正的学习是在主动思考和探索的过程中发生的。我们深信，当您以这样的方式开启本书的阅读后，您和孩子都将受益于这一趟关于儿童博物馆的阅读探索学习之旅。

最后，要特别感谢内蒙古老牛慈善基金会长期以来对儿童博物馆教育的关注和推动；同时，还要感谢为本书拍摄照片的摄影师及照片中孩子和家长的积极配合与友情支持。

张　旎
蒋黛兰（Stella Christie）
2022 年 1 月

目　录

第一章
为什么要带孩子去儿童博物馆/001

第一节　新晋亲子游好去处——世界各地好玩的儿童博物馆 / 002
第二节　儿童博物馆——见证孩子的学习和成长 / 018
第三节　儿童博物馆的同与不同 / 030
第四节　把早期学习理论带回家 / 043

第二章
带孩子玩转儿童博物馆/059

第一节　儿童博物馆里看不见的学习 / 060
第二节　爱学的孩子需要会玩的家长 / 083
第三节　家长为孩子早期学习赋能 / 103

第三章
把儿童博物馆带回家/114

第一节　处处留心皆教育 / 115
第二节　亲子探索游戏 / 132

参考文献/170

第一章
为什么要带孩子去儿童博物馆

章前导读 >>>

在中国，儿童博物馆对许多家长来说，还是一个比较陌生的地方。这种诞生于一百多年前、如今风靡全球的儿童活动场所正受到越来越多的关注。在这一章里，我们将向您介绍世界各地好玩的儿童博物馆，为您以后的亲子出行提供更多选择。同时，我们还会用一些具体实例，向您展示儿童博物馆里各种引人入胜的展项和活动，告诉您孩子的学习是如何悄然发生的。此外，我们还会通过和其他场所的对比，为您呈现儿童博物馆的独到之处。最后，我们回归理论，用脑科学和认知科学的研究成果，帮您理解孩子们的早期学习，特别是儿童博物馆如何在中国的文化环境中满足儿童的成长需要。

第一节

新晋亲子游好去处
——世界各地好玩的儿童博物馆

本节作者：于雯[1]

教育不是灌输，而是点燃内心的火焰。

——［古希腊］苏格拉底

在中国，很多家长可能从未听说过"儿童博物馆"，但其实儿童博物馆并不是什么新鲜事物。世界上最早的儿童博物馆——布鲁克林儿童博物馆诞生于1899年。在早期发展过程中，儿童博物馆的藏品是儿童特别感兴趣的一些东西：娃娃屋、手工艺品、各种鸟类和乌龟形象的毛绒玩具等。如今的儿童博物馆是由迈克尔·斯波克（Michael Spock）在1964年创立的。他撤掉了波士顿儿童博物馆原有的玻璃展示柜，将藏品收起来，重新组织整个场馆，为访客提供了支持"动手"学习的各种模型。[2]布鲁克林儿

---

1 于雯：北京师范大学教育学部中国儿童博物馆教育研究中心书刊编辑部主任。
2 美国儿童博物馆协会编著：《儿童博物馆建设运营之道》，中国儿童博物馆教育研究中心编译，15页，北京，科学出版社，2019。

儿童博物馆的设计满足了儿童和家庭访客的需求和兴趣，它们借助展览项目和教育活动，激发了儿童的好奇心和学习热情，让儿童和家长有机会在动手探索和动脑思考的过程中找到学习的乐趣。

童博物馆的开创性工作和波士顿儿童博物馆的创新型理念已被载入史册，它们使儿童博物馆后来一直被认为是专供儿童学习的场所。现在的儿童博物馆依然坚守着前辈们的核心思想——儿童博物馆的设计要满足儿童的发展需求。[1]

在过去一百多年里，儿童博物馆作为专注为儿童和家庭服务的专业教育机构在美国乃至世界范围内迅速发展，仅美国各地的儿童博物馆已经多达几百家。如今儿童博物馆已经成为世界各地亲子旅行的热门目的地之一，这不仅是因为儿童博物馆的设计满足了儿童和家庭访客的需求和兴趣，更重要的是儿童博物馆借助展览项目和教育活动，激发了儿童的好奇心和学习热情，让儿童和家长有机会在动手探索和动脑思考的过程中找到学习的乐趣。下面我们就一起来看一看几家非常有特色且适合亲子旅行的儿童博物馆。

一、夏威夷儿童探索中心[2]

夏威夷儿童探索中心（Hawaii Children's Discovery Center）坐落于美丽的夏威夷海滨公园内，紧邻迷人的太平洋海岸线。对于亲子旅行来说，它是绝佳的目的地之选。该场馆的目标观众是所有儿童和童心未泯的成人。整个场馆分为五大展区："神奇的你""你的城市""夏威夷彩虹""雨林探险"和"多姿多彩的世界"。

---

1 [美]莎伦·E. 谢弗：《让孩子爱上博物馆》，于雯、刘鑫译，22页，南京，译林出版社，2018。
2 本节中所使用的夏威夷儿童探索中心的图片由该馆创始馆长、理事长洛蕾塔·矢岛（Loretta Yajima）和该馆现任馆长莉安·亚瑟（Liane Usher）友情提供，感谢她们多年来对中国儿童博物馆发展的大力支持。

"神奇的你"展区以身体各部分为主题，主要介绍了牙齿（如图1-1-1）、眼睛、耳朵等器官。在这里，孩子可以通过一副骑行的骨架（如图1-1-2）来了解人体的骨骼之间是怎样配合工作的。除此之外，孩子还可以通过坐在轮椅上体验残障人士的生活（如图1-1-3），从而学会换位思考并树立同理心。

图1-1-1 "牙齿"展项

图1-1-2 "骑行的骨架"展项

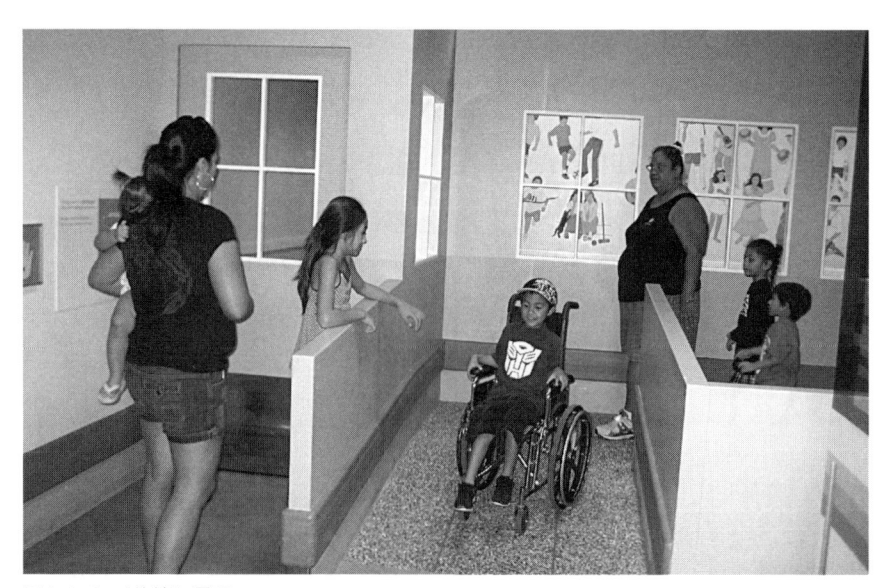

图1-1-3 "轮椅"展项

在"你的城市"展区（如图1-1-4），孩子们可以经历"成人的一天"，体验成人在社区环境中做的很多事情。比如，他们在这里可以是邮递员、消防员，或者是杂货铺的店员、电视台的新闻主播和天气播报员（如图1-1-5）。

图1-1-4 "你的城市"展区

图1-1-5 孩子在扮演"天气播报员"

通过"雨林探险"（如图1-1-6），孩子可以学习如何保护地球上宝贵的自然资源和栖息的动物，进而担负起"环保小卫士"的职责。

图1-1-6 "雨林探险"展区

在"夏威夷彩虹"展区内，孩子们可以通过摘菠萝、吹泡泡、认识海底生物等活动来了解夏威夷的多元文化。另外，该展区还有一个非常逼真的夏威夷航空公司的飞机模型（如图1-1-7），孩子们可以进入驾驶舱去感受飞机的起落，也可以在客舱像空乘人员一样提供用餐服务，或是作为一名乘客体验空乘服务。

图1-1-7 夏威夷航空公司的飞机模型

在"多姿多彩的世界"展区里,孩子们可以探索中国、日本、菲律宾、韩国、印度等国家的文化。他们可以穿上不同国家的服饰扮演不同的角色,用筷子吃东西,用炒锅来做饭(如图1-1-8)。

图1-1-8 孩子在用炒锅做饭

一位朋友在亲身体验夏威夷儿童探索中心之后写道:"……亲眼见到内容如此丰富和用心的场馆时,忍不住惊叹和感动!每一个角落、每一个物件、每一本书、每一个员工都让人感觉到满满的爱和尊重。"

读到这里,我们想请您暂停一下,对上述内容进行回顾,并试着猜想在夏威夷儿童探索中心的上述活动中,您的孩子最喜欢的会是什么,为什么。

> **成长笔记**

二、阿姆斯特丹犹太儿童博物馆

如果有机会带着孩子去欧洲旅行的话，阿姆斯特丹的犹太儿童博物馆（JHM Children's Museum）会是不错的选择。这家场馆模拟了一个犹太人的家，其中包含客厅、厨房、书房、琴房等。孩子来到这里，就像到了一个犹太人家里做客一样。

走进客厅，首先看到的是一张巨幅合影（如图1-1-9），合影是由很多犹太人的照片拼凑成的，有爱因斯坦、马克思、毕加索等。家长和孩子在看到这张照片并聆听工作人员的介绍时，自然会赞叹这个民族竟然孕育出了那么多对这个世界产生了巨大影响的人。

在场馆的厨房里，陈列着犹太人厨房常见的食品和食谱。在这里，孩子们有机会自己动手制作犹太食品，了解犹太节日的传统。展区说明牌还简

图1-1-9　犹太民族杰出人物合影

要介绍了犹太民族一条非常重要的饮食规则——"肉和奶制品不能一起食用"。展项的设置者在说明牌中坦言（如图1-1-10），他也不了解到底为什么有这样一条规则，但这条规则在这个展区涉及的文化中被认为是很重要的。这样的提示和说明，不仅不会给参观和学习的孩子们以陌生和压迫感，反而激发了孩子们去了解其他文化的愿望。

在场馆的书房里，孩子有机会临摹犹太人特有的文字，也能读到很多犹太民族的经典著作。这个房间的说明牌上写着："谁有智慧呢？那些向所有人学习的人！"底下的文字内容是："如果你能和其他人一起学习，那么学习可以是一件很有意思的事。在这个家里，孩子可以问任何问题。有时候提出问题比找到答案重要得多。"这些内容充分展现了犹太民族的教育观。

场馆的琴房展区陈列了很多犹太人特有的乐器，孩子们可以尝试演奏，这个展区的说明牌写着："用你的心和情感来演奏"。从这个标题便可以看

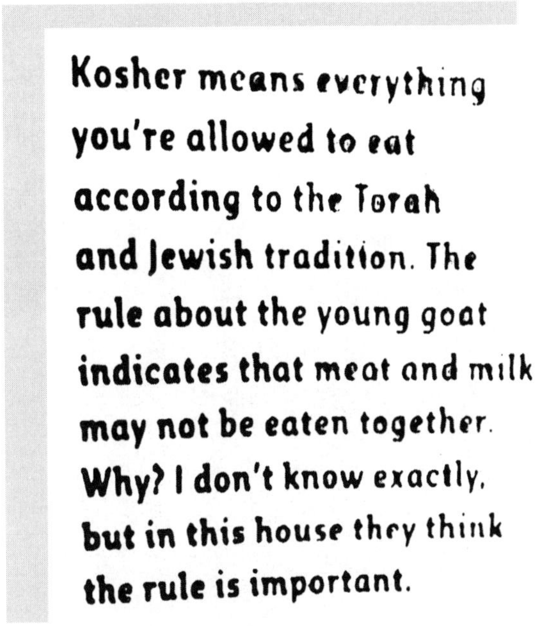

图1-1-10 犹太人厨房的展区说明牌

出犹太民族是如何看待艺术教育的——艺术是用来表达情感和思想的，归根结底，技术是次要的，重要的是你能不能全身心地投入你的艺术创作中，让人们感受到你的情绪和你要表达的东西。看到这里不难理解，人口数量如此之少的犹太民族为什么能孕育出那么多改变世界的艺术家。

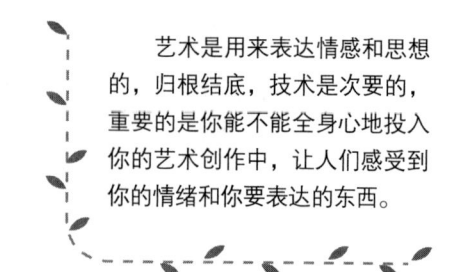

> 艺术是用来表达情感和思想的，归根结底，技术是次要的，重要的是你能不能全身心地投入你的艺术创作中，让人们感受到你的情绪和你要表达的东西。

> 犹太民族的教育观和艺术教育对您有什么启发？

三、马尼拉儿童博物馆[1]

如果去东南亚旅行，马尼拉儿童博物馆（Museo Pambata）是个不错的选择。该馆创建于1994年，是菲律宾国内首家互动式儿童博物馆。该馆以互动展览项目和教育活动为主，在非正式教育领域积极倡导儿童的权利和责任。马尼拉儿童博物馆有8个主题屋：大自然、旧时马尼拉、职业选择、我爱地球、我的身体、市场、地球村和儿童权益。

"大自然"主题屋被设计成了热带雨林和沿海地区的样子。该展区利用互动体验来启发孩子在日常生活中用自己的实际行动去保护大自然。另外，场馆还有一个种满了各种本土原生植物的草药花园，帮助孩子了解各种植物以及它们的不同用途。

在"旧时马尼拉"主题屋，孩子可以穿上祖先的服饰，或乘坐老式的有

---

1 本节中所使用的马尼拉儿童博物馆的图片均来自该馆网站，感谢该馆联合创始人尼娜·尤森（Nina Lim-Yuson）的友情提供。

轨电车，或登上一艘西班牙大型帆船，或走进一间小教堂或一座石屋。

在"职业选择"主题屋，孩子们会被问道："你长大后想做什么？"这里的活动会启发孩子探索未来职业的无数可能性，让孩子们想象"自己未来会做些什么"。目前这里非常有特色的活动是做一名童书作家或插画家。

在"我爱地球"主题屋，孩子可以通过气候变化和其他环境问题相关的展览项目来了解如何为拯救地球环境贡献自己的绵薄之力。

在"我的身体"主题屋里，有一个巨大的人体迷宫。孩子可以通过在这个迷宫里行走（如图1-1-11）来了解人体各个器官是如何工作的。

"市场"主题屋（如图1-1-12）包含了日常生活中的各种商店。孩子们可以在角色扮演游戏过程中锻炼自己的"商业头脑"、规划能力、沟通能力

图1-1-11 孩子在人体迷宫里行走

图1-1-12 "市场"主题屋

等各方面技能。

在"地球村"主题屋，孩子们可以看到身穿不同国家服饰的玩偶、来自很多不同国家的玩具、乐器等。他们还可以通过不同的游戏活动来了解生活在世界各地的小伙伴。

"儿童权益"主题屋通过开展丰富多彩的艺术和文化类活动来倡导儿童的各项权益，这些活动深受孩子们的喜欢。

马尼拉儿童博物馆秉持"快乐学习"的教育理念——"学习从此开始，乐趣永无止境"，在探讨财富、气候变化等社会问题的同时，也努力展现菲律宾的艺术和文化。2017年，马尼拉市政府通过了一项决议，决议对马尼拉儿童博物馆大加赞誉，并授予其"最佳文化旅游场所"的称号。

四、印第安纳波利斯儿童博物馆

如果只能选择去一家儿童博物馆，相信很多家长会问：世界上最大的儿童博物馆是哪家？答案是美国的印第安纳波利斯儿童博物馆（Children's Museum of Indianapolis）。该馆创建于1925年，历史悠久，场馆建筑非常有特色，一只巨大的恐龙把头探进场馆，令人记忆深刻。

该馆的展馆面积超过3.7万平方米，内容非常丰富，能够满足各个年龄段访客的兴趣和需求。场馆主题涉及自然科学、历史、世界文化和艺术等多个方面。孩子在场馆里可以开动小火车，挖掘恐龙化石，体验宇航员在太空的生活，观看戏剧表演，穿上各种服饰自己上台表演，做各种科学小实验，等等。

举个例子，在赛车展厅有一个"运动中的力"的展览项目，孩子和家长可以利用场馆提供的小道具组成不同造型、不同重量的小汽车，在反复实验的过程中观察小汽车从赛道起点到终点

> 展示的目的是帮助孩子了解不同国家的生活和文化，让他们学会尊重、理解世界的多元和各国文化的差异。

的运动速度和时间，思考这些现象背后的原因。这个展览项目融合了物理、数学等方面的知识，能够激发孩子对这些学科的学习兴趣。

由于篇幅限制，下面重点介绍印第安纳波利斯儿童博物馆的一个关于中国文化的临时展览——"带我去中国"（Take Me There: China）。展览的内容包括传统的餐厅、茶馆、编钟、中医、大熊猫、中国功夫、动车等。展示的目的是帮助孩子了解不同国家的生活和文化，让他们学会尊重和理解世界的多元和各国文化的差异。

在中医展区，孩子可以在一个传统中医药房里模拟抓药，通过互动的方式了解针灸、按摩等传统中医医疗手段。

在这个主题展览的一面墙上，展示了中国的一些书法作品，这些作品里书写的内容，与中国人的生活和精神世界息息相关，如对茶和家的理解等。家长可以通过图文详细了解这些内容，并讲给孩子听。

该展厅有家庭的厨房、餐厅，还有中餐馆。孩子们可以扮演各种角色，做饭、吃饭、点餐、送餐，也可以和别的小朋友一起练习使用筷子。这些区域不仅仅是在讲中国的饮食，也讲述了中国家庭团聚的故事，以及中国人对待客人的热情和周到。

还有一部分展览是关于中国人的名字（如图1-1-13），这里列举了一些中国人常用名以及名字背后的含义。孩子们可以选一个自己喜欢的名字，印制一个书签带回家。这种简单的互动可以激发孩子对中国文字的兴趣，进而探究这些文字背后的意义。

这个主题展览的最后是中国的56个民族，孩子通过它可以了解，虽然中国人都使用同样的汉字，但却有很多种地方方言，发音差别也会很大。孩子可以跟着多媒体互动，学习说一些简单的普通话。这两个展览

图1-1-13　中国人的名字

项目想要传递的信息是：中国是个很多元的国家，这里所呈现的只是中国文化的一个缩写。

> 如果让您来设计一个关于中国文化的展览，您认为应该包含哪些内容？

很多儿童博物馆都会举办一些精心策划的临时展览，希望借助全新的体验留住熟悉场馆的访客，并进一步拓宽观众群体。此外，一些常设的展览项目和教育活动也可能会更新，以吸引更多访客。家长如果选择儿童博物馆作为旅行的目的地之一，在做攻略时可以查询场馆的网站，了解近期的展览项目和教育活动。

五、踏脚石儿童博物馆

踏脚石儿童博物馆（Stepping Stones Museum for Children）位于美国康涅狄格州，创建于2000年。该场馆的目标观众主要是10岁以下的儿童。之所以选择介绍这家场馆，是因为一位游览过多家儿童博物馆的同事在被问到最喜欢的儿童博物馆是哪一家时给出了这个答案。而且当我问她为什么是这家时，她说："因为它跟其他场馆不一样。"当我打开这家场馆的网站想要详细了解它时，看到这样一句话："您在其他任何地方都找不到和我们一样的展览项目"（Our exhibits are unlike anything…anywhere）。我们一起来看看该场馆非常有特色的两个展览项目。

很多家长都不知道自己的孩子究竟对什么感兴趣。"找到你的兴趣"展项（如图1-1-14）可以帮助家长了解孩子的兴趣点。它用非常直观的方式呈现了不同的活动。当孩子在好奇心的驱使下仔细观察每个格子里所展示的活动时，家长可以通过提出开放式问题引导孩子表达自己的想法，并从孩子的表述中找到他们的兴趣点。在这些格子的上方，写着三个问题："你对哪个最感兴趣？""你最擅长哪个？""你在做哪项活动时会感觉很棒？"通过这种方式，场馆为家长与孩子之间的互动提供了指引。

"两人合作"展项（如图1-1-15）在偌大的展厅里看似不起眼，但却非常有意思。它需要两人合作完成互动。家长可以和孩子一起玩，或是让孩子和其他小朋友一起玩，甚至两个成人也可以一起玩。假如是爸爸跟孩子一起玩，爸爸和孩子需要分别坐在桌子的两侧，中间用小布帘挡起来，彼此看不到对方。孩子用自己面前桌上的积木块搭出一个简单的结构，然后想办法通过语言描述让爸爸也搭出同样的结构。爸爸和孩子的角色可以互换。其实最终能否搭出相同的结构并不重要，重要的是孩子在这个互动过程中锻炼了表达（如何描述）、规划（先说什么，后说什么）和协作的能力。

图1-1-14 "找到你的兴趣"展项[1]

图1-1-15 布帘相隔的两人合作项目

---

1 图1-1-14、图1-1-15由潘丽娜女士拍摄，感谢友情提供。

六、凤凰城儿童博物馆

凤凰城儿童博物馆（Children's Museum of Phoenix）创建于1998年，历年来在美国儿童博物馆领域获奖无数，其中包括在2018年被《读者文摘》评选为美国十佳儿童博物馆之一。场馆的目标观众主要是10岁以下儿童。这家场馆中有一个展区非常有意思，即"娃娃家"（如图1-1-16）。一位同事在参观过这家场馆后对该展区印象特别深刻。

"娃娃家"的核心是一个简易的上下层空间，这个展区深受孩子们喜爱。它的开放性很强，孩子们可以充分发挥自己的想象力去拼搭、攀爬、玩角色扮演游戏等。孩子的玩法往往超乎家长的想象。当我的这位同事在参观这座场馆时，看到一位老奶奶带着自己的孙女在这个展区玩了整整一上午，完全没有去过其他展区。我们从这张照片可以看出，儿童博物馆的展览项目并不一定需要特殊工艺来制作，只要家长有心，很容易把这些快乐的学习体验带回家。

图1-1-16 "娃娃家"展区[1]

> 儿童博物馆的展览项目并不一定需要特殊工艺来制作，只要家长有心，很容易把这些快乐的学习体验带回家。

读到这里，我们想请您闭上眼想一想，您对儿童博物馆有了哪些了解？谈到"儿童博物馆"，您会想到哪些关键词呢？

---

[1] 此图由周学成先生拍摄，感谢友情提供。

成长笔记

在"游览"了这么多家儿童博物馆之后,我们不难看出,其实每一家儿童博物馆都为孩子和家长提供了独一无二的服务和体验。他们在结合本地特色的基础上,让来自世界各地的游客有机会在有益身心的非商业环境中共度高质量的亲子时光。如果用一句话来概括儿童博物馆到底是一个什么样的地方,最贴切的莫过于"在儿童博物馆里,孩子在玩中学,家长在学习玩"(Children's Museum is a place where children play to learn and adults learn to play)。

> 每一家儿童博物馆都为孩子和家长提供了独一无二的服务和体验。他们在结合本地特色的基础上,让来自世界各地的游客有机会在有益身心的非商业环境中共度高质量的亲子时光。

第二节

儿童博物馆
——见证孩子的学习和成长

本节作者：于雯

> 我们不是越来越富有创造力，我们的创造力是在成长过程中逐渐消失的，或者说，我们在接受教育的过程中失去了创造力。
>
> ——［英］肯·罗宾逊

在上一节中，我们一起"游览"了几家非常有特色的儿童博物馆，相信即便您从未去过儿童博物馆，现在也对它有了些基本的印象。本节中，我们将通过一些具体的实例来了解孩子在儿童博物馆里是如何通过展项和活动来学习的。

儿童博物馆作为非营利组织，存在的目的就是要完成自身使命。每家场馆的使命都不尽相同，使命是一家场馆做所有事的根本出发点和最终目的。儿童早期教育专家玛吉·I. 梅菲尔德（Margie I. Mayfield）在分析了几十家儿童博物馆的使命之后，总结出了它们的关键词——学习、互动（动手）、快

> 儿童博物馆使命的关键词：学习、互动（动手）、快乐、玩、想象力和创造力、探索、儿童和家庭、多元文化等。

乐、玩、想象力和创造力、探索、儿童和家庭、多元文化等。我们把这些关键词分为五组，分别来看看儿童博物馆是如何在实现自身使命的过程中促进孩子学习和成长的。

一、学习和玩

在国内，很多家长认为只有孩子坐在书桌前读书写字才是学习，玩就是浪费时间，但其实对孩子来说，玩才是最自然的学习方式。著名儿童心理学家、认知发展理论的奠基人皮亚杰曾说："玩是儿童的工作。"基于这样的基本理念，儿童博物馆中的学习体验通常具备以下几个重要特点。

（一）激发情感和学习兴趣

雷切尔·卡森（Rachel Carson）在《惊奇之心》（The Sense of Wonder）一书中曾写道："如果事实是种子，可在日后产生知识和智慧，那么情感和感受就是孕育种子的沃土，而童年时光则是准备土壤的阶段。一旦情感被激发——对美的感受，对新鲜与未知事物的兴趣、同情、怜悯、赞叹或爱——我们就会想要了解那些撩拨我们情感的事物。"[1]也就是说，一旦孩子的情感被激发，他们便会想要更加深入地了解相关的事物，也就是产生了浓厚的学习兴趣，而且一旦学习体验与某些情感关联起来，便会使人印象深刻，甚至成为孩子终生难忘的经历。儿童博物馆中的学习体验可以激发孩子的情感回应和学习兴趣。曾经听儿童博物馆的工作人员讲过这样一个故事，他们的场馆会定期邀请一些艺术家、科学家或者某一领域的专业人士来馆组织工作坊活动。有一次，一位6岁的小朋友麦克参加了以"幼儿编程"为主

---

[1] 美国儿童博物馆协会编著：《儿童博物馆建设运营之道》，中国儿童博物馆教育研究中心编译，29页，北京，科学出版社，2019。

题的工作坊，这是他第一次接触到编程。当他看到专业的程序员演示自己做的机器人时，他感到非常惊奇。在这位程序员的引导和帮助下，麦克完成了自己的第一个编程作品。虽然它非常简单，但参与编程的过程让他感到很高兴，很有成就感。当天在离开场馆时，他对妈妈说："这太酷了！我长大以后也要做一名程序员！"在儿童博物馆的这次经历点燃了他对编程的学习兴趣。

（二）学习过程比学习结果更重要

在儿童博物馆中，学习过程比学习结果更重要，而且很多时候学习并没有某个固定的"结果"，学习过程是开放式的，因人而异的。儿童博物馆中的学习体验更像是玩积木，不存在所谓"唯一正确"的玩法，每个人都可以有自己的玩法，并且从中学到不同的东西。比如，有的孩子可能在搭积木之前就想好了自己想要搭什么，在这个过程中锻炼了自己规划的能力；有的孩子搭着搭着就改变了思路，学会了灵活应变；有的孩子可能在搭的过程中会假想——这是一个停车场，里面有小轿车、大卡车、摩托车……发挥着自己的想象力；有的孩子可能会即兴创作，在拼搭的过程中学习形状、结构、平衡等概念，并在遇到各种问题时锻炼自己的耐心、精细动作和解决问题的能力。在儿童博物馆里也是如此，无论孩子在艺术工作坊或创客空间里完成了什么作品，或者用建构类的展项搭建出了什么，作品本身并没有那么重要，重要的是孩子自己动手参与的学习过程。

（三）以空间为框架组织学习体验

在学校学习一般是以时间为框架的，每节课45分钟，以铃声作为开始和结束。在家里，家长也经常会为孩子制订学习计划，比如，8点到8点半学英语、8点半到9点练字等。而儿童博物馆是以空间为框架组织学习体验的，孩子可以跟随自己的兴趣，在自己注意力能够集中的时间内学习，不被人为设定的铃声或计划打断,这让孩子的专注力和其他技能有机会得到自然的发展。

(四)真实、立体的"教具"

相较于书本上的抽象概念,儿童博物馆中充满了真实、立体的"教具",它可能是一座房屋、一组大型积木、一个机器人,甚至可能是一个小动物。孩子在这里有机会接触到日常生活中出于安全或其他考虑不被允许触碰的东西,并通过真实的体验来学习。家长也可以借助这些工具为孩子讲解一些其他方式难以描述的概念。举个例子,在中国儿童中心老牛儿童探索馆里,有一辆跟日常生活中经常见到的某品牌小汽车一模一样、等比例的汽车模型(如图1-2-1)。孩子可以坐进驾驶室,发动引擎、踩油门、按喇叭,还能像加油站的操作员一样拿着加油枪给汽车加油。他们在日常生活中很难有这样的学习机会,同时家长也不需要担心孩子的安全问题。

图1-2-1 "加油站"展项

(五)基于情境的学习

在面对孩子的学习时,我们常常把学习内容分为不同学科,打包成不同的碎片,"塞"给孩子。这些学习内容没有结合具体的情境,与孩子的生活缺乏联系。而儿童博物馆把学习体验与真实的情境结合起来,让孩子能把这些体验与自己日常生活中的经历或通过书籍、电视等途径获得的认知联系起来，这样的学习过程对他们来说更有意义。儿童博物馆所涵盖的学习内容涉及多个领域——艺术、科学、人文、技术。儿童博物馆更贴近孩子的真实生活，把不同学科的知识融合在一起，帮助孩子更好地理解周围的世界。例如，很多儿童博物馆都有厨房展区，孩子可以自己制作一些面食或饮料。在这个过程中，他们可以了解一些食物的来源（自然科学）、某些民族的饮食习惯（人文），还可以自己称重、计量（科学）、设计食物的造型（艺术），等等。

读到这里，您不妨先暂停一下，对上述内容进行回顾，并记录下阅读这部分内容的收获。

> 成长笔记

二、互动和探索

"动手""互动"是儿童博物馆学习体验的一个非常重要的特点，也是儿童博物馆与传统博物馆之间最大的区别之一，因此在众多儿童博物馆使命中出现的频率很高。不仅如此，连国际儿童博物馆协会都把自身命名为"Hands On"，可见"动手"在儿童博物馆中的重要地位。

"动手"其实不像字面上看起来那么简单，"动手"不是目的，重要的是"动脑"。举个例子，一个孩子在某个展项旁站了超过5分钟，一直在观察旁边年龄大一些的小朋友是如何与展项互动的。在这个过程中,他并没有"动手",但明显能看出来,他在认真地观察和思考,这也是学习的过程。而且,并非所有的"动手"都意味着学习的发生,比如封闭式的"按按钮"展项。如果孩子按按钮只能触发一种结果,那么这个"动手"过程鼓励的只是死记硬背——记住自己一按按钮就会发生什么——对孩子理解事物背后的原理或者任何事毫无帮助,也不能为孩子提供真正探索和学习的机会。只有当孩子有足够的机会,可以按照自己的想法自由操作,并观察每种操作的不同结果,这种"动手探索"的过程才有意义,才能让孩子开始真正理解事物。[1]

"探索"不仅是很多儿童博物馆使命的关键词,也经常出现在儿童博物馆的名字中,比如旧金山探索博物馆、圣何塞儿童探索博物馆、呼和浩特市老牛儿童探索馆等,而且很多传统博物馆也为儿童观众提供了探索空间。鲁文·费尔斯坦(Reuven Feuerstein)指出,对新鲜复杂事物的探索是人类的基本需求。[2]在博物馆儿童教育领域拥有30多年从业经验的莎伦·E. 谢弗博士,在其提出的"早期学习模型"中也强调了"探索"对儿童学习的重要性。该模型认为,儿童出于天生对学习和认知的好奇心去探索世界。探索是儿童的本能,是儿童积极主动参与的过程,它能够帮助儿童理解事物。儿童通过五种感官——视觉、听觉、味觉、触觉、嗅觉——以及社会交往来探索并收集信息,这就是他们体验世界的过程。儿童博物馆为儿童提供了丰富的探索和学习的机会。例如,匹茨堡儿童博物馆为孩子提供了一个户外展区——菜园。菜园里栽种了一些本地特有的植物,包括各种蔬菜、香料植物等。来馆的孩子可以观察各种茄子(深紫色、细长的,白色或浅绿色的,淡紫色、圆形的,白色或橙色、番茄大小的)、豆类、胡萝卜、甘蓝等各种蔬菜;他们有机会品尝柠檬味的酢浆草、像糖一样甜的甜叶菊、带点甘草味道的细叶芹;他们可以闻薰衣草、鼠尾草、黑心金光菊、西洋蓍草的气味;可以自己动手

---

[1] 美国儿童博物馆协会编著:《儿童博物馆建设运营之道》,中国儿童博物馆教育研究中心编译,8页,北京,科学出版社,2019。

[2] 同上书,63页。

制作新鲜的沙拉，感受各种食材的不同质地和纤维；他们还可以在采摘和制作菜肴的过程中与其他小朋友沟通协作；大一点的孩子还可以称量食物、练习加减乘除等计算方法，了解植物名字背后的历史故事、食物的制作工艺，比如冷冻、风干等。另外，这些探索和学习的过程还给家长带来了意外之喜。有些孩子在家里特别挑食，不喜欢吃蔬菜，这些探索过程帮助他们把蔬菜和快乐的体验、美好的回忆结合起来，让他们喜欢上了健康的食物。[1]

三、想象力和创造力

自从有了孩子之后，我经常惊叹于孩子丰富的想象力和创造力。孩子的想象力和创造力是与生俱来的。作为家长，我们能做的是更好地激发他们的这些能力，而不是用成人的思维方式去限制他们。相信很多人都见过那幅题为"你剪掉了孩子的翅膀，却怪他不会飞翔"的图片，这就是很多孩子的想象力和创造力被扼杀的真实写照。儿童博物馆中的很多学习体验能够激发孩子的想象力和创造力。

2016年6月的一个周末，世界上第一家儿童博物馆——布鲁克林儿童博物馆——的工作人员身穿蓝色围裙，随身带着软管、胶带、剪刀、裁纸刀、拉链等各式工具，向公众敞开了新展区"创客小院"的大门。该展区为孩子们提供了很多布料、纽扣、假花、废旧家具以及其他零散的材料，孩子可以随心所欲地摆弄、改变或利用这些材料。不仅如此，展区的工作人员要求陪同孩子的成人坐在一旁观察孩子。虽然很多陪同孩子来馆的家长本来也会坐在一旁，不参与孩子的互动，但工作人员还是提出了明确的要求。其实是告诉他们：在这个展区的活动中，他们的参与，可能导致孩子无法充分发挥自己的想象力和创造力，无法按照自己的想法做各种尝试。秉持这种教育

---

1 Bracken, K. (2012). The Garden. *Hand to Hand* 27, pp. 1-2, 10-12.

理念的还有纽约一家非营利组织创建的"垃圾冒险乐园",它从本质上来说与儿童博物馆并无二致。这座乐园位于总督岛,总面积达5万平方英尺(1平方英尺=0.0929平方米)。整座乐园由围栏圈起来,里面散乱地摆放着只完成了一半的堡垒、废弃的运动器材、棍棒、汽车轮胎、拆散的废旧家具以及锤子、钉子、手锯等各种工具。在这里,陪同孩子前来的家长是不允许进入互动区域的,只有经过专业培训的工作人员密切关注孩子的互动情况。[1]这样的环境在激发孩子想象力和创造力的同时,还最大程度避免了成人可能造成的干扰和阻碍。

儿童艺术博物馆(Young At Art Museum)的"强大的女孩"活动也是激发儿童想象力和创造力的典范。参加活动的女孩首先与这项活动的设计师、策展人以及场馆请来的艺术家一起参观场馆,观看"头部特写"展的作品。场馆发给每个孩子一个笔记本,方便她们用文字和图示记录自己的想法。随后她们要利用场馆提供的各种材料创造全新的自我形象,还要制作一个多媒体幻灯片,展示自己的创作成果。她们用化妆品、颜料、布料、流穗、珠子等从头到脚地装点自己,另外还加上了对自己特别有意义的东西。她们拍了很多照片,介绍"自己是谁"以及"自己对自己的评价"。随后她们通过拼贴等方式,利用各种透明材料(彩色醋酸纤维、照片底片和糖纸),创作了内容连续完整的幻灯片,其中包含文字和一段录音。这段录音是她们随机拼凑或创作的节奏和旋律,内容包括诗朗诵、口头对话、报纸、小说或课本上的一小段话,以及手机、收音机里的音效、街道上的噪声等。她们创作出来的照片和视频在场馆里公开展出和播放。[2]很多家长在看到这些成果时都对孩子们的想象力和创造力赞不绝口。

> 在家里,您可以为孩子提供哪些激发想象力和创造力的机会呢?

---

1 Elwell, H. (2017). Bringing Outdoor Adventure Inside. *Hand to Hand* 31, pp. 10–11.
2 Feeley, C. (2014). Art and Healing go Hand-in-Hand. *Hand to Hand* 28, pp. 6–7.

四、儿童和家庭

毋庸置疑，儿童博物馆服务的主要对象是孩子，但在众多儿童博物馆的使命宣言中，我们看到了"家庭"这一关键词，比如：

• 孟菲斯儿童博物馆的使命是"利用互动展览、活动和其他教育资源，帮助**儿童和家庭**访客理解艺术、科学、人文和技术领域的奥秘……"。

• 曼哈顿儿童博物馆的使命是"通过提供独特的互动展项和活动，帮助**儿童和家庭**访客了解自己和这个文化多元的世界"。

• 明尼苏达儿童博物馆"致力于为**儿童和家庭**访客提供有趣的互动学习体验"。

而且在各家儿童博物馆的访客中，竟然有一半是成年人。[1]这不仅是因为儿童到馆需要成人接送——其实一位成人就可以负责接送多名孩子——很大程度上也是因为儿童博物馆没有给人一种"高高在上"的感觉。记得有一次一位朋友邀我一起去一家非常著名的传统博物馆，我的第一反应是"我不懂啊"。很多博物馆给人一种高深莫测的感觉，好像需要一定的知识储备才能进入，而儿童博物馆则不然，成人可以没有任何心理负担地进入。我特别喜欢夏威夷儿童探索中心那句"欢迎所有儿童和童心未泯的成人"，即便你对场馆里的内容似懂非懂，甚至一无所知，这都没有关系。这样的理念给了陪同孩子到馆的成人心理上轻松舒适的感觉，使儿童博物馆成为享受"优质亲子时光"的好地方。

致力于服务儿童和家庭的儿童博物馆，鼓励陪同孩子到馆的成人为孩子提供"高质量的陪伴"。在儿童博物馆中，我们看到了很多家长虽然陪着孩子到馆，但却只是坐在一旁低头刷手机；或是急于让孩子体验所有展项，生拉硬拽地打断孩子的学习；或是为了给孩子留下美好瞬间，让孩子停止探

---

[1] 美国儿童博物馆协会编著：《儿童博物馆建设运营之道》，中国儿童博物馆教育研究中心译编，4页，北京，科学出版社，2019。

> 致力于服务儿童和家庭的儿童博物馆，鼓励陪同孩子到馆的成人为孩子提供"高质量的陪伴"。

索，配合拍照；还有的家长急于公布自己认为的"正确答案"，告诉孩子每个展项的运作原理及涉及的知识，缩短孩子的思考过程；或者替孩子排队或争抢展项小道具，剥夺了孩子自主选择分享的机会……那么到底怎么做才是"高质量的陪伴"呢？家长可以积极与场馆工作人员沟通，了解场馆的教育内容和教育目标，以及儿童博物馆的教育理念；也可以观察孩子的学习过程和方式，了解孩子的兴趣、特长及需求；还可以适时地鼓励孩子，加入孩子的游戏，提出开放性的问题，鼓励孩子积极思考，用语言表达自己的想法；或是提出在孩子能力范围内的挑战，拓展孩子学习的深度和广度……

五、快乐和多元文化

儿童博物馆为儿童和家长提供了快乐的学习体验。如果我们认真地想想自己为什么会愿意做某一件事，就会发现其实很多时候都是因为这件事能让我们感到快乐。比如，让大多数家长感到非常头疼的是孩子喜欢打游戏。孩子为什么喜欢打游戏？其中一个原因可能是打游戏让孩子感到快乐；而很多孩子不喜欢学习的原因可能在于，孩子一学习，家长就在旁边纠错，导致孩子把"学习"这件事与不愉快的情绪联系在一起。其实每个人都有与生俱来的好奇心，在生命最初的阶段都是自己积极主动地学习和探索，只是不知从哪一天起，有些孩子开始不爱"学习"了，究其原因，很可能是把学习与不快乐画上了等号。儿童博物馆中的学习体验能够带给孩子快乐，因为它们在设计之初就考虑了儿童独特的学习方式和需求。举个例子，中国儿童中心老牛儿童探索馆的"缤纷水世界"展区在设计之初就考虑了儿童的学习方式和需求。接触过孩子的朋友大概都知道，绝大多数孩子都喜欢玩水。在"缤纷水世界"展区，孩子可以通过拼接管道来控制水的流向，还可以通过调整水坝的位置来改变水的流量（如图1-2-2）。这种通过自主探索来学习的过程会让孩子很有成就感，帮助他们树立自信，为他们带来快乐。

> 儿童博物馆中的学习体验能够带给孩子快乐，因为它们在设计之初就考虑了儿童独特的学习方式和需求。

作为非正式学习场所，很多儿童博物馆都致力于帮助孩子了解这个世界的多样性以及本地区不同民族的文化。因此，"多元文化"也成了儿童博物馆使命中经常出现的关键词。呼和浩特市老牛儿童探索馆位于内蒙古自治区首府。想必大家都知道，呼和浩特市是个多民族聚居的城市。为了体现当地独特的多民族文化，呼和浩特市老牛儿童探索馆设计了"欢乐家庭"展区。该展区分为五个区域，这些区域的主人公分别是丁丁的爸爸（汉族）、巴特尔的妈妈（蒙古族）、春姬姐妹（朝鲜族）、尔利的奶奶（回族）和钮家爷爷（满族），并且每个区域的布置都尽可能体现了不同民族的文化特点。场馆还招募了五个不同民族的家庭，担任场馆的民族家庭大使。每个

图1-2-2 "缤纷水世界"展区

家庭从日常生活中挑选出能代表本民族文化特点的物品，向人们展示。活动当天，孩子们可以向汉族的"非遗"传人学习面塑、剪纸；听回族家庭讲述并演示汤瓶的用途、礼拜帽的戴法；看蒙古族家庭展示传统游戏的玩法；跟着朝鲜族家庭戴上象帽、跳一段朝鲜舞；还能向满族家庭了解他们全家福上一家人穿戴的民族服饰。场馆通过展示不同民族的文化，帮助孩子了解不同民族之间的异同，从而学会欣赏彼此，学会相互尊重。生活在这个多元文化共处的社会，孩子需要学会相互包容，而包容始于对自身和他人的了解。当孩子学会平和地看待他们遇见的相同和不同时，他们才能体会这个世界的美好。

读到这里，我们想请您暂停一下，对上述内容进行回顾，并思考自己在读过这一节内容之后有哪些收获。

> 成长笔记

几十年来，儿童博物馆在努力实现自身使命的过程中见证了无数孩子的学习和成长。对于那些已经去过儿童博物馆的家长，希望这部分内容能帮助您了解孩子到底为什么那么喜欢儿童博物馆；而对那些还没去过儿童博物馆的家长，希望本节内容能开启您的儿童博物馆之旅，让孩子从中受益。

第三节

儿童博物馆的同与不同

本节作者：刘鑫[1]

> 丰富的环境可以萌发孩子的动力，激发他们的兴趣，鼓励他们构建自己的经验。
>
> ——［意大利］玛丽亚·蒙台梭利

随着社会的进步和发展，家庭对早期教育的需求和投入日益增多，与之呼应的是，琳琅满目的儿童场所如雨后春笋般冒了出来，其中既有一票难求的公益场馆，也有价格不菲的商业机构。"如何选择"已成为一个比"没得可选"更加令人焦虑的问题。对于很多中国家长来说，儿童博物馆的概念既陌生又熟悉。说其陌生，是因为不是每个中国城市都有儿童博物馆，也不是每个中国家庭都有机会出国体验儿童博物馆；说它熟悉，是因为儿童博物馆的概念已经被一些商家拿来做招牌，大肆营销和传播。

通过对世界主流儿童博物馆的走访和研究，以及这几年对我国儿童早教

---

[1] 刘鑫：北京师范大学教育学部中国儿童博物馆教育研究中心执行主任。

行业、博物馆界的观察，在本节中，作者将对生活中出现的形形色色的"儿童博物馆"分为三类加以阐述：第一类是"伪儿童博物馆"；第二类姑且称之为"准儿童博物馆"；第三类算得上"真儿童博物馆"。

一、儿童博物馆看上去像游乐场，但游乐场并非儿童博物馆

孩子尽情忘我地玩耍是人们在儿童博物馆里最常见到的情形——儿童或独自探究，或与其他伙伴协作，或者跟成人一起游戏（如图1-3-1）。游戏是孩子最主要、最自然的学习方式，也是他们一天中花费大量时间在做的事情。正因如此，许多人才会在尚未深入了解儿童博物馆之前，将它和儿童游乐场相混淆。

在这里，为了帮助家长迅速识别出真正的儿童博物馆，有必要先把儿童

图1-3-1　两名儿童一起在呼和浩特市老牛儿童探索馆中扮演宠物医生

博物馆重要的几个特点讲清楚。首先，儿童博物馆格外注重孩子的学习过程而非结果。因为儿童博物馆的创建者坚信，获取知识的过程要比知识本身更重要。知识会更新迭代，也可能被遗忘，但在获取知识过程中经历的思考会为孩子的终身学习奠定基础。其次，儿童博物馆会通过环境营造来激发孩子的探索欲望。因为环境会潜移默化地影响孩子的学习，儿童博物馆通过精心的设计，保证不同年龄段的孩子都能在安全舒适的环境中探索，在与外界的互动中，构建对世界的理解。最后，儿童博物馆的互动展项设计能引发孩子的好奇心。只有激发了孩子的好奇心，学习才能自然而然地发生。教育不是灌输，而是点燃内心的火焰。儿童博物馆大量的互动展项需要孩子在动手体验中自主学习。

总而言之，儿童博物馆的一切都是从孩子的角度出发，它的存在是为了满足孩子成长发育的需要，而不是传递成人对知识的理解。

读到这里，我们想请您暂停一下，回想一下孩子玩耍时的状态和举止，您认真观察过吗？孩子在游戏时，您通常会做些什么呢？孩子在儿童博物馆中的玩耍和在游乐场中的玩耍有什么相同之处吗？最大的差别在哪里？

成长笔记

与那些号称"儿童博物馆"实则是游乐场的地方相比,真正的儿童博物馆是一个学习的场所。在博物馆界日益重视教育功能的当下,儿童博物馆作为一种重要的博物馆类型,和历史博物馆、自然博物馆、科技馆、美术馆等一样,首先是一个面向全社会公民开放的学习场所。与在学校的正式学习相比,孩子在博物馆中的体验是一种非正式的学习。由于认同游戏对儿童成长所具有的不可替代的价值,儿童博物馆会把游戏视为一件严肃的事,会鼓励孩子的探索式学习。而正是那些在游戏表象下所蕴含的深厚教育理论基础,使得儿童博物馆区别于那些"小同大异"的儿童游乐场。

同样是感官体验,儿童博物馆提供的多感官体验目的是激发孩子的好奇心,促进他们的学习和发展,不会追求单纯的感官刺激。同样是角色扮演,儿童博物馆给予孩子更多的自主权和探索空间,着眼于孩子的创造力和问题解决能力,而不是只集中于职业体验。同样是互动游戏,相较于以娱乐为目的的游乐场,儿童博物馆会通过展项、环境、活动、服务,为儿童和家长营造一种良好的学习体验。儿童博物馆所涉及的教育内容涵盖了健康、语言、社会、科学、艺术等儿童学习与发展的各大领域,每一种教育内容的选取又从提升孩子的运动能力、认知能力和社交能力出发。同样是主题学习,儿童博物馆主题的内容广泛而多元,在经过精心设计后,以一条清晰的线索,按照一定的逻辑串联呈现在孩子和家长面前。例如,呼和浩特市老牛儿童探索馆分别以空间和时间两条线索串联两个分馆的教育内容,其中一号馆的内容从个体、家庭一步步延伸至城市、地区,从国家、地球再到整个外太空;二号馆则可以让孩子穿越古今,从生命出现前的地球来到人类刚出现时的世界,从古代文明跨越到现代科技,并立足当下,展望未来。(如图1-3-2)

换一个角度来说,作为一种专为孩子设计的博物馆,儿童博物馆里的一切围绕孩子进行,从孩子的角度出发,比如,展项的设计和制造充分考虑了孩子的使用习惯和行为特征,以安全和耐用为基本前提,在引发孩子好奇心、激发探索欲望的背后是清晰完整的教育目标。

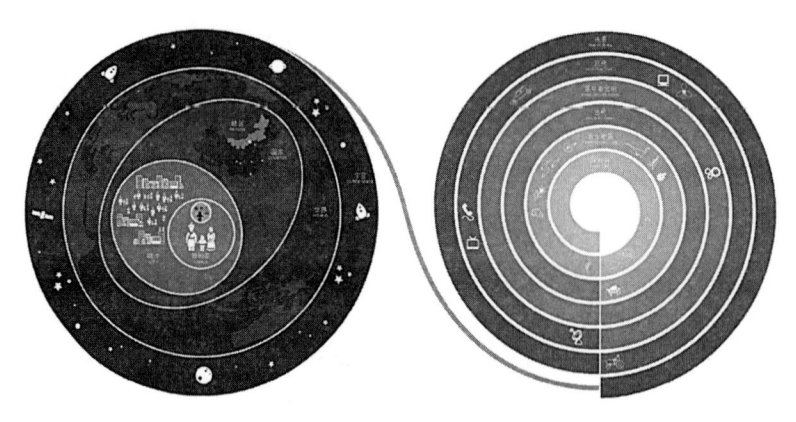

图1-3-2　一号馆展区分布图

现在，请您思考，一座能够满足所有儿童成长需要的博物馆应该具备哪些特征，符合哪些条件。

> 成长
> 笔记
> ＿＿＿＿＿＿＿＿＿＿＿＿＿＿＿＿＿＿＿＿＿＿
> ＿＿＿＿＿＿＿＿＿＿＿＿＿＿＿＿＿＿＿＿＿＿
> ＿＿＿＿＿＿＿＿＿＿＿＿＿＿＿＿＿＿＿＿＿＿
> ＿＿＿＿＿＿＿＿＿＿＿＿＿＿＿＿＿＿＿＿＿＿

二、儿童博物馆面向儿童开放，但能够接待儿童观众的博物馆并不代表就是儿童博物馆

正如前文所说，儿童博物馆既然是一种博物馆，那我们就可以把它置于博物馆的发展史中去审视。

博物馆（Museum）一词原指希腊缪斯女神（Muse）的神庙，从词源上讲，博物馆从诞生之初就和人类的审美活动息息相关。古人参观博物馆是为了欣赏美，后来博物馆逐渐开始收藏标本、历史文物、重要文献、艺术品。随着18世纪工业革命的兴起，为了收集和展示人类新的发明创造，科学技术馆（或科学工业博物馆）应运而生。历史博物馆脱胎于自然历史博物馆（自然博物馆），重点在于分类展示人类改造自然的成就。植物园、动物园、水族馆等也属于广义上的博物馆，只不过它们的藏品是活体生物。

简言之，广义上的博物馆包括大家熟悉的以文物为主要藏品的历史博物馆，以自然科学和技术为主题的科技馆，以化石、标本等自然历史见证物为内容的自然博物馆，以艺术作品（如绘画、雕塑、艺术装置等）为主的美术馆，以及名人故居、历史事件纪念馆、考古遗址、专题博物馆、行业博物馆（如自来水博物馆、铁道博物馆、电影博物馆等），甚至天文馆、动物园、植物园、水族馆等也可被囊括其中。

这些博物馆大多向儿童开放，有的还开设了专门的儿童区域（如中国科技馆、上海自然博物馆、长沙博物馆等）；有的场馆有以儿童相关内容为主题的展览和活动，在策展和活动方面深受儿童博物馆教育理念的启发和影响。这些场馆虽然不是严格意义上的儿童博物馆，但它们和儿童博物馆有很多相似之处，可以和儿童博物馆互相借鉴，共同满足儿童和家长的需要。

儿童博物馆和其他类型博物馆最大的不同在于，它是一种专为儿童和家庭设计的博物馆。在判定依据上也就有着根本不同：儿童博物馆是以观众群体来定义自身的，而大多数博物馆则以其所收藏陈列的物件的类型做划分。我们粗略地将和儿童博物馆有相近之处的其他类型博物馆分为三类，并分别将它们和儿童博物馆做对比分析。

请您思考后回答下面的问题。您喜欢去博物馆吗？您有带孩子去博物馆的习惯吗？通常和孩子一起参观博物馆时，您会做什么？在选择博物馆时，您会考虑哪些因素？

成长
笔记

（一）历史文化类

当我们提到"博物馆"时，脑海中立马浮现出的就是历史文化类博物馆。它们大多以历史为主线，所收藏的文物被精心摆放在展柜内，无论是成年人还是儿童都可以透过玻璃欣赏这些藏品，通过阅读说明牌了解关于文物及其历史年代的背景信息。此外，名人故居、历史事件纪念馆、考古遗址也属于历史文化类博物馆。

这些博物馆和儿童博物馆都会涉及相当广泛的教育内容，都是可以让儿童学习的场所。但在历史文化类博物馆中的学习更多是基于物件的，观众参观展览的方式多以看物件、读说明、听讲解为主，缺乏主动学习的条件。这类博物馆是为广泛的参观群体而设计，其空间布局、各项服务等不能只考虑儿童的使用需求。

（二）自然科技类

与历史文化类博物馆相比，科技馆、自然博物馆、天文馆、水族馆、动植物园（没错，它们也是博物馆！）往往更受儿童青睐。许多自然科技类博物馆在设计时也会将儿童列为主要服务对象，重点考虑儿童的使用需求。因为儿童的学习方式不同于成人，需要大量的自主探索机会，所以自然科技类博物馆，特别是科技馆，往往也会采用和儿童博物馆相似的互动展览。可以说，它们是最接近儿童博物馆的场馆。

但自然科技类博物馆毕竟不是专门为儿童设计的，其教育内容及相应的教育方式不会只迁就于特定年龄段的儿童。同时，自然科技类博物馆是特定学科背景下的博物馆，不可能呈现儿童需要的所有教育内容。而且同样是互动展览，对儿童学习方式的理解深度会影响到展览的实际效果。比如，我们经常在科技馆里见到的"按钮型互动展览"就不能算是真正的互动展览。因为它把一个变化所能产生的结果仅仅限定在一定范围内，你无法彻底理解事物运转的真实规律和驱动力。你需要有足够的机会去自由操作展项，并观察每种操作所能产生的反应（而且要包括那些能通过操作不让反应出现的情况）。

（三）人文艺术类

人文艺术类博物馆在国内语境下往往指向的是美术馆，这里既有传统意义上的绘画、雕塑，也有声光、装置等当代艺术。我们经常在美术馆里看到由家长或教师带领的孩子，他们有的能静静地欣赏艺术作品，或进行临摹和创作，有的则按捺不住自己，总想在安静的展厅里制造些动静。

儿童只是人文艺术类博物馆众多服务对象中的一种，如果没有成人的辅助，儿童可能无法完全理解艺术品背后的信息，甚至连感受艺术品本身也是一件存在困难的事。而且，在人文艺术类博物馆里，成人所扮演的角色有时候貌似在帮助孩子，其实反倒破坏了孩子对艺术的理解和想象。

尽管不同类型的博物馆有所差异，但它们的相同之处在于都承担着收藏、研究、保护、展览、教育、服务的功能。自从现代博物馆开始走进公众生活并发展至今，教育功能已成为博物馆各项功能和整个公共服务的核心。博物馆作为学习空间所发挥的教育功能，已经受到广泛认可。博物馆教育所倡导的"全方位的学习""终身学习""基于实物的学习"等理念，也对正式教育做出了有益补充。

从无到有地兴建一家儿童博物馆周期长、投入大、难度高，短期内必然很难做到每个中国城市都有一座属于自己的儿童博物馆。在这种背景下，在已开放的博物馆中开辟专门的儿童区域，用儿童博物馆的标准加以改造，也可以满足当地家长和儿童的需要，甚至可以说，这是最具操作性的一个选择，也是我国儿童博物馆教育的一个重要拓展方向。

请您思考，现在您能理解儿童博物馆和其他类型博物馆的差异吗？如果您所在的地方暂时还没有儿童博物馆，您会怎么利用其他类型的博物馆，让它们成为孩子学习的重要资源？

> 成长
> 笔记

三、儿童博物馆不是这个也不是那个，它究竟是什么

现在我们来谈谈真正意义上的儿童博物馆。

首先，儿童博物馆是目前唯一一种专为儿童和家庭设计的博物馆。儿童与成人的学习方式是不同的，儿童博物馆会结合儿童独特的学习方式，通过互动展项、教育活动、环境营造等促进儿童主动学习。儿童博物馆的出发点是满足儿童成长需要，把儿童放在所有工作的第一位。场馆的整体布置要让孩子感觉到他们是受欢迎的。从展览方式上，儿童博物馆是互动式的，而非

被动地参观（如图1-3-3）。儿童博物馆会鼓励孩子动手操作，利用各种感官体验进行学习，在亲手实践和动脑思考中形成对周遭世界的清晰认识，对事物规律的准确掌握。

其次，儿童博物馆格外重视家庭学习。陪同孩子来馆的成人（父母、祖父母或其他看护人）也可以从中有所收获。除了专为家庭设计的亲子教育活动，还有展区内的老师向家长做出的示范，以及各类图文信息和家长指南。这些都能帮助家长学会高质量地陪伴孩子，引导孩子在馆内和家中进行深度学习（如图1-3-4）。儿童博物馆已经不再把儿童观众和成人观众严格分割开，在儿童博物馆中常常可以看到"代际学习"的现象。

图1-3-3 一名儿童在呼和浩特市老牛儿童探索馆内体验互动展项

图1-3-4 一名家长在为两个孩子介绍探索馆中的展项说明牌内容

最后，儿童博物馆会涉及方方面面的教育内容，这些教育内容会以一种孩子能够理解的方式呈现出来（如图1-3-5）。不同于历史博物馆只收藏文物、美术馆只展示艺术作品、科技馆的内容侧重于科技，儿童博物馆会在有限的空间内尽可能多地涉及儿童所需的各方面的内容。历史、艺术、文化、科技、健康、运动、语言，甚至多元文化等社会话题，都可以成为儿童博物馆的教育内容。儿童博物馆的工作人员可能拥有各种各样的教育背景，理想的状况是，每个领域的专业人士带着孩子一起探索真实的世界，解决真实世界中的问题。更为重要的是，儿童博物馆里的教育目标不是为了让孩子记住几个知识点，而是点燃他们的探索欲望，引导他们在好奇心的驱动下，自主开展深度学习。

通过翻阅位于美国的儿童博物馆协会（Association of Children's Museums）对儿童博物馆（Children's Museum）的定义可知，儿童博物馆通过提供展览和教育项目激发儿童的好奇心和学习动力，从而满足儿童的

图1-3-5 中国儿童中心老牛儿童探索馆内一个关于伯努利原理的互动展项深受儿童喜欢

需求和兴趣，作为永久性非营利机构，儿童博物馆以教育为宗旨，拥有专业的员工和特定的展项，定期向公众开放。

由北京师范大学教育学部中国儿童博物馆教育研究中心编制的《中国儿童博物馆行业指南（2019版）》，将儿童博物馆的本质特征概括为教育属性、公共属性和地区属性三方面。这些属性反映了儿童博物馆的内涵和外延，为辨别、判定儿童博物馆提供了依据。

（一）教育属性

儿童博物馆是非正式的学习环境，发挥着支持家庭教育、补充学校教育的作用。儿童博物馆认可玩是儿童获取知识、掌握技能的重要的方式之一，对他们的成长和发展具有不可替代的价值。因此基于这一理念的展览和教育项目以儿童为中心，吸引儿童自主探索学习。

儿童博物馆的教育目标和教育内容主要通过展览和教育项目来呈现，这些展览和教育项目符合不同年龄段儿童的发展规律，尊重儿童的学习方式。这些展览和教育项目的设施以安全、耐用为基本标准，依靠专业的儿童教育人员为儿童的学习提供支持。虽然有的儿童博物馆也有一定的藏品，但收集藏品不在于藏品的稀缺性，而在于它们能否在教育中发挥作用，能否激发儿童的好奇心、引导儿童互动参与。

（二）公共属性

儿童博物馆是面向公众开放的社会机构，主要以政府补贴、社会捐赠以及合理的运营收入，维持长期的高质量开放，力求让所在地区中的每一个儿童都有机会享受公平的教育资源。在策划展览和教育项目、开展观众服务时，儿童博物馆需要考虑特殊教育的需求，在促进多元文化融合和教育公平方面发挥积极作用。

儿童博物馆不以营利为目的，其存在的价值、意义和目标，以及实现目标的手段，往往通过使命宣言予以明确。

(三)地区属性

儿童博物馆扎根于所在地区的独特背景，关注所在地区儿童和家庭的需求，联合当地家庭和其他机构，通过发出倡导、开展服务，共同解决相关的社会问题。儿童博物馆整合所在地区的优质教育和文化资源，为观众提供丰富的服务。

地区属性彰显了一家儿童博物馆的独特性。儿童博物馆的建设和运营一方面受到所在地区环境的影响，另外一方面也在影响着所在地区的社会文化。因此每个儿童博物馆都应是独一无二的，都应基于所在地区儿童和家庭的需求来设计展览和教育项目，而不是简单复制其他场馆的内容。

儿童博物馆通过提供丰富的动手动脑机会，创造安全舒适的环境，满足孩子成长发育的需要。它将特定的教育目的和非正式场合的游戏相结合，帮助孩子发展基本技能，这与其他类型的儿童场所在出发点上就有着本质区别。虽然家长无法以儿童博物馆的严格标准去要求市面上现有的儿童场所，但在选择时还是可以用上文提到的一些标准，做到心中有数，不被误导。毕竟不是所有的地方都可以被称作儿童博物馆。

第四节
把早期学习理论带回家

本节作者：蒋黛兰[1] 高杨[2]

> 说到底，长期填鸭式的教育不会教给我们任何东西，除了填鸭的勺子形状本身。[3]
>
> ——［英］爱德华·摩根·福斯特

看完前面世界各地丰富多彩的儿童博物馆以后，现在我们回到儿童的学习本身来。我们将详细解释研究中"学习"一词的内涵，这可能与我们日常所谈论的"学习"有所不同。

家长们，请允许我提一个问题：孩子是否应该从小开始学习呢？例如，在他们1岁甚至更小的时候？我猜大多数家长会回答：那当然了。很多中国父母都相信儿童早期学习是很重要的，而且这种信念是非常正面和难能可贵

---

[1] 蒋黛兰（Stella Christie）：清华大学脑与智能实验室首席研究员，清华大学心理学系长聘副教授，清华大学脑与智能实验室儿童认知研究中心创始人。
[2] 高杨：清华大学心理学系博士研究生，清华大学脑与智能实验室研究人员。
[3] Edward Morgan Forster. Sayings of the Week, *Observer*, 1951-10-01.

的。实际上，美国学术期刊《儿童发展瞭望》（Child Development Perspective）一篇较新的文献综述显示，中国家长比美国家长更相信学习的重要性。[1]这种观念被认为与中国孩子的学业成功有相互关联：为什么您的孩子在学校表现优异，很大程度是因为您相信学习很重要。且这种观念是普遍存在的。最近我和同事们（斯坦福大学的米切尔·弗兰克教授和清华大学的伍珍教授）做了一项调查，询问几百位来自全国各地的父母：您认为孩子是否应该从小开始学习呢？我们发现，无论父母的学历是高中还是硕士、博士研究生，收入高还是低，身处一、二线城市还是乡镇，都认为孩子早期学习很重要。

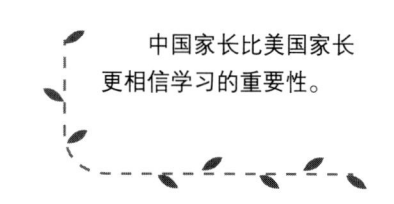

> 中国家长比美国家长更相信学习的重要性。

正因为父母们如此关注学习，我们常被问到的就是：我们应该做些什么来帮助孩子学习？这个问题非常值得思考也很重要。科学和实际地讲，这个问题应该是：学习的科学是什么，而我们又该如何理解并在家庭中应用它呢？

一、早期学习至关重要：来自脑科学和认知科学的证据

首先，科学研究对早期学习有了哪些发现呢？大量的脑科学和认知科学研究已经证实，0～3岁婴幼儿期是学习发生最多的时候。在认知和大脑发展这件事情上，大概没有其他阶段能够和0～3岁媲美。0～3岁的早期学习不仅重要，还很关键：因为0～3岁获得的经验是未来学习、身体健康和儿童行为的基础。

这段时期到底发生了什么呢？一个人的大脑结构从出生到成年，一直都

---

[1] Ng, F. F. Y., & Wei, J. (2020). Delving into the minds of Chinese parents: What beliefs motivate their learning-related practices?. *Child Development Perspectives*, 14(1), pp. 61–67.

> 大脑的发育，是一个先从少到多，再从多到少的过程。

在发展和变化。但是在最开始的几年，是神经连接形成和修剪的关键时候，每一秒都有一百万以上的神经连接在形成。实际上，大脑这种"先形成很多神经连接，又自己剪掉"的过程叫作"神经修剪"。这样听起来可能有点奇怪。我们一般习惯认为"发展"就是指从小到大，或者从少到多的过程，而不是反过来的。但这就是大脑发展的真相：先形成很多神经连接，又自己剪掉它们。

这种修剪是否有它的逻辑呢？是的，这样的方式能让大脑变得更有可塑性和适应性。不仅是简单的基因决定大脑，而是基因和环境共同塑造大脑的连接。基因提供基础的蓝本，负责指挥大脑内的神经走向何处。同时环境的经验很大程度上影响了基因能否和如何表达。一个典型的例子是，婴儿在环境中听到爸爸妈妈对他们说话的声音。这种说话声音反过来会刺激神经进行语言神经搭建的活动。婴儿听到的声音越丰富，语言神经连接的回路就越强烈。这就是典型的基因提供了语言的蓝本。如果婴儿没有收到来自环境的语言输入，那大脑将会发展混乱。也就是说很大程度上是环境影响了孩子的大脑如何发展。

早期学习根本上是依赖大脑的可塑性。让我们一起来看一个脑认知科学关于语言学习的经典案例。很多朋友可能都会发现，自己四川的朋友不太能分辨汉语拼音中的"l"和"n"，他们会把"奶酪"说成"奶闹"，或者"来酪"，甚至"来闹"。您知道为什么吗？因为跟普通话不太一样，四川话里面是不分"l"和"n"的。所以，发展科学家们探索的一个问题是：我们的大脑是否天生就能分辨这些发音呢？其实没有基因天生就会分清"l"和"n"。我们必须经过后天学习去分清这些发音（或者学习分不清）。

实际上当婴儿出生时，他们都是为了学习任何一种语言做好了准备的。他们一出生，遇到环境中的语言，就能立即学会分辨出任何语言中的任何声音。就是说，如果一名婴儿出生在一个全英文环境，从未听过中文，也能在出生时就能分辨出来中文的"在"和"债"是两种不同的声音。同样，出生在中国四川宜宾的婴儿，也可以马上分辨出英文的"la"和"na"，甚至一些对我们成年人来说很难分辨的法语发音。这并不是因为有针对每一个声音的基因，而是因为大脑一开始就准备好学习任何可能遇到的语音。不管父母是谁，也不管基因构成，婴儿都可以学习任何环境下的任何语言。大约在7个月大的时候，婴儿便开始失去这种超能力，到9个月大的时候，他们只能分辨他们母语的声音。这里的母语是指在婴儿环境中主要暴露的语言。所以，如果妈妈说四川话，爸爸对宝宝说普通话，那么宝宝有两种母语。也就是说，在9个月大的时候，婴儿会知道两种语言包含的所有语音——他的环境塑造了他的语言发展。[1]

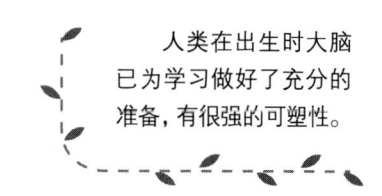

> 人类在出生时大脑已为学习做好了充分的准备，有很强的可塑性。

请注意，所有这些都发生在婴儿1岁之前。这种早期体验有着持久的影响——如果婴儿从出生起就能听到某种语言，那么将能更好地学习该语言。对我们来说重要的是，经历不是被动产生的，很大程度上是由婴儿的父母选择和塑造的。实际一点讲，如果您会说普通话以外的方言，请对您的宝宝说那种方言。您的宝宝将受益于您讲的方言，同时从他周围的人那里听到的普通话——这样他就可以学习两种语言（或更多）。

总体来说，大脑和认知科学告诉我们学习的三个重要原则：第一，大脑和认知在0～3岁时变化最大，这一时期为所有未来的学习奠定了基础；第二，大脑发育具有可塑性和适应性，环境造就了这种可塑性；第三，父母和其他照顾者（如祖父母）在塑造孩子的环境中发挥着重要作用，影响孩子的大脑和认知发展。这些原则不仅适用于语言学习，也适用于所有学习领域。例如，父母对婴儿的反馈会影响婴儿的安全感和依恋方式。支持型养育——简单地说，当孩子发出声音时，看着您的宝宝，微笑着回应，并和宝宝说话——会形成我们所说的"安全型依恋"。研究表明，安全型依恋的婴儿在

---

[1] Kuhl, P. K.（2009）. Early language acquisition: Neural substrates and theoretical models. In M. S. Gazzaniga（Ed.）, *The Cognitive Neurosciences*, 4th Edition. Cambridge, MA.: MIT Press, pp. 837-854.

> 家长与儿童的互动可以增强孩子大脑的神经连接并塑造认知发展。

以后的生活中有更好的社交技能——他们能更好地适应新的社会环境，在社交关系中更快乐。[1]哈佛大学发展儿童中心主任杰克·肖恩科夫，使用了网球中的术语"发球"和"接球"来比喻：您的孩子可能会"发"给您一些东西——给您一个微笑或者对您牙牙说话——如果您及时"接"住并恰当反馈——拥抱、眼神交流、话语——这时候孩子的大脑就会建立更强的神经连接。当您对孩子敏感和反馈时，这就提供了丰富和有益的经验来塑造他们的大脑和认知发展。（如图1-4-1）

图1-4-1 父亲与儿子在绘本阅读中进行"接球-发球"的互动沟通

二、理解"学习"，明确学习的目标

（一）什么是学习

说到这里，家长们是否想进一步了解您应该做些什么来帮助孩子从小就能很好地学习呢？根据我在中国生活的经历（搬到清华大学之前，我在美国

---

1 De Wolff, M. S., & Van Ijzendoorn, M. H. (1997). Sensitivity and attachment: A meta-analysis on parental antecedents of infant attachment. *Child Development*, 68 (4), pp. 571-591.

任教），父母渴望了解他们可以做什么。例如，他们应该把孩子送进私立幼儿园还是公立幼儿园？孩子每天应该读多少本书？哪个电视节目值得看？应该送孩子去上注意力训练课吗？孩子应该从很早就开始学钢琴吗？

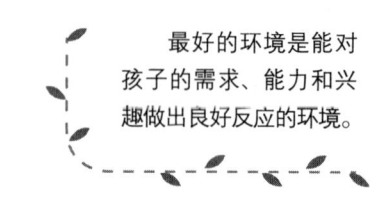

> 最好的环境是能对孩子的需求、能力和兴趣做出良好反应的环境。

我通常会回答：这要看情况。您可能会问：看什么情况？看您和您孩子的情况。记住，发展是关于"发球和接球"的事，您的孩子是他自己学习的球手。没错，您的投入和影响是环境的重要组成部分，这个环境塑造了您孩子的大脑和认知发展。重要的是，家长能提供的友好的环境是一个能对孩子的需求、能力和兴趣做出良好反应的环境。如果您的孩子喜欢在外面玩，而不是坐在钢琴前，那么您让他连续几个小时学习钢琴只会让他备感压力。也许您会说，会有什么问题呢？他最终会弹钢琴难道不是一件好事吗？可是孩子这么小，他并不知道什么对他有好处。需要引起注意的是：通过强迫孩子学习钢琴，可能会传达出"学习是他们必须要做的事情"，而不是"他们想要做的事情"。结果可能会导致，他们将被动地学习，总是接受给予他们的一切，而不是主动探寻他们想知道和想学习的东西。为什么会这样？让我们用学习的科学来解决这个问题。

（二）学习的目标：学会如何学习

无论我们做什么，都应该清楚我们的目标是什么，我们想从中获得什么。只有这样，我们才能更有效地行动。同样，在学习中，我们需要问自己：学习的目标是什么？可能我们通常会用非常具体的事项回答这个问题。因为我们习惯认为学习是一种具体的活动，学习如何阅读和写作，学习英语单词，或者学习数字和颜色，这会导致把特定的结果作为学习的目标。所以，目标可能是"让我的孩子在4岁前学会1000个英语单词"，或者"让孩子在进小学前能写那么多的字"。这些学习目标会让我们忽略了一个非常关键的问题：我们并不知道哪些技能可以保证孩子在未来取得成功。

> 学会如何学习是拥有发现、掌握和适应不断变化情况的能力和动力。

学会如何学习是拥有发现、掌握和适应不断变化情况的能力和动力。家长们无法预测孩子将面对什么样的世界、社会需求和工作场所，但如果您让孩子具备学习和应对新情况的动力和能力，即使这个世界向他提出了与他童年技能不匹配的挑战，他也能积极解决问题：因为他有学习多种事物的能力。这并不像您想象的那么遥不可及。有很多真实生活的例子都说明了，您今天生活的世界与您童年时学的东西大相径庭。例如，大多数人可能每天使用，甚至花费大量时间在微信上。然而，微信是在2011年才出现的，这意味着成年人中没有一个人从小就学习了使用它的特殊技能，但是您仍然可以学会使用它。有趣的是，您有没有想过微信的发明者们呢？您是否想过他们有什么童年技能，可以帮他们开发出这款独立移动应用吗？您恐怕无法说出任何具体的技能。您是对的，不太可能有一种特殊的技能会让他们发明微信。相反，帮助他们的是思考、学习和适应新的需求及环境这些基本技能。

那么，让我们回到强迫学习钢琴的例子，为什么这不是一个好的学习例子？首先，它不利于培养孩子的内在动机。孩子只认为，学习活动目标是遵从父母的命令，或者取悦家长、老师，而不是通过自我激励去应对新的挑战。随着时间的推移，孩子经历得越多，他就越认为学习是为了实现别人为他设定的目标。这个孩子会认为："我学钢琴，是因为妈妈让我学。""我学英语单词，是因为老师让我学。"当这个世界上没有人告诉他们要做什么或者要实现什么的时候，孩子就会迷失。其次，这种强迫性的学习经验不会培养归纳和抽象的认知能力。概括和抽象能力是我们从已知事物中提取知识，并将这些知识应用于新的情况和挑战的能力。往小了说，举个例子，如果我知道建造一座塔的时候不能把大块放在小块上面，我可以把这个知识拓展到堆凳子：需要把小的堆在大的上面，才可以堆得高。往大了说，如果我理解学习英语的策略，那么我可以将这种认

> 内在动机是孩子自主学习的引擎。

知策略拓展到学习其他语言。发展科学方面的许多工作，包括我自己在类比发展方面的工作，都发现孩子们会学习抽象和概括。如果呈现给他们的学习经验是被动的，那么他们只是简单地吸收知识，而不考虑他们是如何获得知识的。[1]在未来，他们可能也只知道如何将这种技能和知识应用于这种已知的情况，而不知道如何应用于其他事情。相比之下，如果孩子积极地构建他们的知识，他们可以将其应用于其他情况，解决新的问题。

举一个真实的例子，不久前，我被邀请评估一项给3岁幼儿上的教育课程。在其中一节课上，孩子们被教导用乐高积木建造一个水族馆。在这节课的20分钟里，孩子亦步亦趋地跟着老师按照视频里示范的步骤搭建积木。这个视频本身的教育目的是好的，是想让孩子们明白T型结构搭建的积木比单一垂直搭建的积木更结实。然而，学习过程中并没有鼓励孩子进行任何思考和建构。老师会说："现在我们开始建造第一层水族馆墙。"让孩子模仿老师的做法，就这样一直到水族馆完工。视频最后会给父母一张教育结果的照片：孩子搭建的水族馆。孩子从这个视频中学到了什么呢？只有如何建造水族馆这一项特别具体的技能。我很确定的是，用这种学习方法，孩子们不知道如何概括出他们自己的知识。例如，如何利用"T型结构"的原理建造一个新的建筑，而不是与视频中一模一样的水族馆。因为他们不是在学习如何学习。

"学习如何学习"对孩子来说应该是一个贯穿人生的重要课题，因为它让孩子们可以去融入这个不断变化的世界，去学习新事物，去解决新问题，去发现和创造。《哈佛商业评论》的一篇文章讨论了这种能力对于在工作环境中生存的重要性。[2]印度尼西亚高等教育部部长曾告诉我，许多商界领袖抱怨说，教育系统并没有赋予年轻人读写的能力，这使得毕业生很难适应工作环境中的挑战。显然商业领袖们并不是

> 商业界也需要再造、总结和应用知识到新情况的能力。

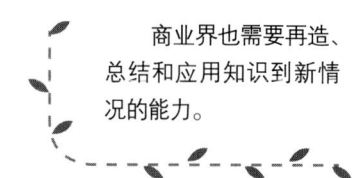

1 Christie, S. (2018). Analogical Reasoning. In Bornstein, M. H. (Ed.), *The SAGE Encyclopedia of Lifespan Human Development*. Thousand Oaks: SAGE Publications, pp. 115-118.
2 Andersen, E. (2016). Managing Yourself learning to learn. *Harvard Business Review*, 94 (3), pp. 98-101.

在说基本的读写技能，任何一个本科生都可以达到基本要求。他们指的是许多毕业生不能将阅读所学应用于新的环境。他们不能通过"阅读"达到再造、总结和应用知识到新情况的目的。学习如何学习不仅在商业中是一项关键技能，在任何职业中都十分重要。优秀的医生是那些能够运用他们的医学知识来灵活处理意外情况的人。伟大的科学家是那些指出新问题并做出前所未有发现的人。这些成功不是来自某种具体技能，而是来自不断学习、发现、适应的动机和能力。

假设你已经认可了"学习如何学习"这个目标，你现在可能会问两个问题：第一，学习如何学习需要这么早开始吗？1岁孩子能理解这个过程吗？第二，在实践中，父母应该做什么来养成孩子"学习如何学习"的能力呢？

三、游戏=学习：学习如何学习的实践科学

（一）儿童是学习的主体

第一个问题，学习如何学习需要这么早开始吗？1岁孩子能理解这个过程吗？答案是肯定的：从很小的时候开始，孩子们就已经可以并将会持续习得他们在以后的生活中的学习方式。发展科学证实，婴幼儿是天生的好奇宝宝，渴望学习。"认知发展科学之父"皮亚杰称他们为"小小科学家"，这不仅仅是因为孩子们又可爱又爱问很多问题。事实上，许多研究表明，小孩子喜欢不断尝试解释和预测他们周围发生的事情。不仅如此，他们还想测试自己的预测和解释是真是假——这不就是科学家做的事吗？我的孩子3岁时总爱打翻水杯，弄得一桌子都是水。我作为他的母亲为此感到有点郁闷。有一次我想我应该问问他为什么一直这样做了。他笑着回答说："我想看看玻璃有多远，水有多远。"我马上理解了他。他想知道在液体溢出之前，他能把杯子倾斜到什么角度。因为在许多不同地方——在家里，在食堂，在

餐馆——有不同高度不同容量的杯子。他发现在液体溢出之前,他可以将杯子倾斜不同的角度。他每倾斜一次杯子,都是在做一次实验。有时候我会制止他,所以,不如想象一下,当他可以在儿童博物馆的水区域里尽情实验时,他得有多高兴(如图1-4-2至图1-4-4)。

"我的孩子并不特殊,他只是像别的孩子一样热爱探索和实验。"事实上,我相信读到这里,您一定会回忆起很多孩子做过的看似愚蠢的事情,而现在您意识到他当时可能正在做实验。发展科学家提出过一个假设:就算很小的孩子,在探索中也是有逻辑和条理的。事实证明确实如此。在一项研究中,实验者向4岁的孩子展示了带杠杆的玩具机器,压下杠杆就有一只有趣的动物从机器里蹦出来。其中A组的4岁孩子看到的是模棱两可的演示:几个杠杆总是同时压下,所以很难分清楚是哪个杠杆起了作用。而B组孩子看到的是清晰可见的演示,杠杆是一个一个被压下的,所以很容易分辨到底是哪个杠杆弹出了这个有趣的动物。示范完毕,两组孩子开始自己玩。实验者

图1-4-2 儿童在水区域思考自己的搭建工程

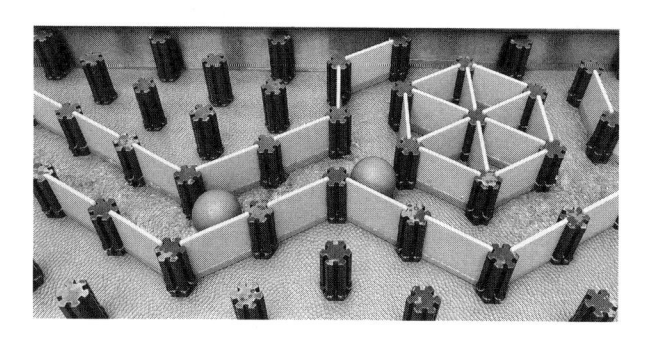

图1-4-3 儿童准备在水区域测试自己的搭建工程

图1-4-4 儿童在水区域用小球测试自己的搭建成果

> 开放的探索环境，比直接告诉孩子，更有利于孩子学习。

想知道，这两组孩子玩得一样吗？当然不一样。之前演示不明确的A组玩得更久，探索得更多。因为仅凭演示他们无法知道是哪个杠杆在起作用，所以他们想自己找出原因。相比之下，已经看清了因果机制的B组对玩具的探索兴趣明显不高。[1]

这个实验告诉了我们什么呢？首先，它表明小孩子天生具有内在动力去理解和解释他们周围的世界。他们可以自由地支配得到的玩具，没人要求他们搞清楚玩具的原理。结果他们并没有随便玩，而是好奇地想找出玩具的工作原理。其次，环境会影响探索和学习的动力，模棱两可的示范会让孩子们探索得更多，清晰的示范却让他们的探索减少。孩子本身才是学习的主体；当我们提供的环境是像清晰演示情境一样，只是简单地告诉孩子去做什么和事情是如何工作的，孩子对学习和探索就不那么感兴趣了。

（二）为什么玩耍是学习

这些认知科学的证据提供了一个更明确的方法，让我们在家就能培养孩子"学习如何学习"的能力。创造一个模糊的环境，让孩子发展好奇心和探索的动力。我们如何创造这种"模棱两可"的环境呢？那就是鼓励孩子玩耍。

---

[1] Schulz, L.E. & Bonawitz, E. B.（2007）. Serious Fun: Preschoolers engage in more exploratory play when evidence is confounded. *Developmental Psychology*, 43（4）, pp. 1045–1050.

在玩耍的过程中，孩子们不断遇到模棱两可的事情，这让他们想要探索和测试他们的理论。当我儿子1岁时，他喜欢玩各种纸箱、袋子和手提箱，看看是否能把自己放进去。玩完后他发现，只能把自己放进看起来很大的东西里，例如，手提箱，而不是小盒子里。这就是学习和探索：通过玩耍，他可以比较不同大小的东西（盒子、袋子），并抽象出什么适合什么不适合的规则。我自己的研究也表明，懂得运用比较的孩子更擅长抽象和概括。研究人员在幼儿园小朋友玩耍时发现，孩子们很爱比较，谁跑得快，这个沙塔比那个大吗——这些比较能帮助他们了解数学中的一些概念，如速度、大小。

作为父母，你也可以一起"玩耍学习"。在第二章中，我们将深入分析父母一起玩耍学习的原因和方法。当然，这个判断的原则还是我们讨论过的：通过创造模棱两可的环境，你可以帮助你的孩子发展他们的好奇心和逻辑思维。有时候，情况对孩子来说太不明确了；他们不知如何是好。你可以通过引导他们好奇来帮助他们。例如，想象一下，你的孩子遇到了这个弹出动物的机器玩具，但什么也没做。这时候如果你问他们一些启发性问题，例如"哇，我真想知道是什么让它蹦出来的？我们应该怎么办呢？"引导孩子开启自己的探索之旅。

当我们理解了这个逻辑——我们可以创造培养好奇心和探索精神的环境——我们就可以做很多事情来实现学习如何学习的目的。看电视是一件好事吗？嗯，这要看情况了：孩子只是坐着被动地接受，还是主动的学习体验呢？那么，如何创造一个主动的电视观看体验？跟孩子一起看，并和你的孩子聊天。我的朋友给我讲了一个精彩的故事：

> 父母也并不知道所有问题的答案，这是父母和孩子共同学习的好机会。

有一天，她5岁的女儿突然问羊毛是从哪里来的（她穿着一件厚厚的羊毛外套）。一开始，当向女儿解释关于绵羊和羊毛时，她发现自己根本招架不住女儿的十万个为什么。接着，她们决定一起观看羊毛生产的过程，于是她们一边看一边谈论。结果就是她们俩一起学到了很多东西。

这是一次典型的培养好奇心和探索精神的主动学习经历。但是如果你的孩子只是安静地坐在电视机前，而你在玩手机，那么这种环境可能不会激发很多我们期望的学习。

那么玩积木和乐高，早点学会使用电脑，或者给小孩子观看英语课程视频呢？这些是好的活动吗？这些也是要看实际情况了。是否创造了一个模棱两可的环境？乐高给孩子创造发现和探索的机会了吗？如果他们喜欢用乐高积木创造搭建东西，那么这可能是一个很好的学习机会。但如果他们去上乐高课，只是模仿老师展示的模型，这种学习的价值是很低的。这个原则教会我们去判断一个活动是否有益于学习如何学习。（如图1-4-5）

图1-4-5　儿童在自由探索积木的搭建

四、请把学习的科学带回家吧

脑科学和认知科学告诉了我们三件事：第一，大脑结构和认知的形成从很早就开始了，并且这种早期学习是终身学习的基础。第二，孩子们学习如何学习。孩子在早期的经验决定了他们成为一个被动的还是主动的学习者，是成为只为安排好的目标而工作的人，还是成为具有内在学习动机并不断探索和征服未知领域的人。第三，儿童是小小科学家：他们具有逻辑性和系统性解释、预测和实验世界如何运行的认知能力。这些系统的认知能力也可以有意识地培养：创造一个激发好奇和探索的环境——比如玩耍——会促使

孩子更深入地发展这种能力。我们这些养育者，可以选择和创造这样的环境。（如图1-4-6）

一旦我们理解了这些原则，就可以对孩子的学习做出明智而实际的选择。每个家庭的情况都不一样。一些父母不得不长时间工作，经常回到家时已经很疲惫；很多父母把孩子交给祖父母照顾，而祖父母与父母的观念不同；一些父母不能如愿让孩子进入理想的学校。其实在每一种情况下，我们都可以创造机会来营造启发性的环境，从而实现这种"学习如何学习"的目的。例如，我们在长时间工作后回到家，可以尝试和孩子谈论我们的工作：爸爸妈妈今天做了什么，遇到了什么困难。你会惊讶于孩子对你的故事有多么感兴趣。有大量的科学证据表明小孩子们是多么好奇、聪明和充满了兴趣。你只需要给他们发挥的机会。与其你玩手机，孩子看动画片，为什么不一起看一些你们都感兴趣的东西呢？同样，可不要低估孩子的认知能力，不要认为他们只对儿童动画感兴趣。如果只给孩子动画片，他们当然只会对动画片感兴趣，但是他们其实是对许多事情都有兴趣的。

如果与孩子的祖父母观点不同，请尝试和他们沟通。和他们谈谈你在这里读到的内容，问问他们的儿童教育目标是什么。很可能他们从来没有想过

图1-4-6 成人和儿童共同探索形状的游戏

"学习如何学习"这个目标，但一旦他们知道了，他们会同意这非常重要。如果你不能送孩子进入理想学校，那你可以评估一下在创造性玩耍和好奇心驱动的环境方面是否真的有很大的不同。不要只是简单地考虑学校是否有英语课或者外教，或者这样那样的特色课。决定学习的不是单纯的活动本身，而是活动是否能激发孩子的好奇心。

值得高兴的是，创造启发性学习环境通常是很容易的。与孩子交谈，倾听他们的讲话，一起做一些事，一些简单的日常活动，比如一起吃饭，骑自行车载孩子去上学，或者在超市购物，都可以成为启发性学习环境。有一次载孩子去学校的路上，我儿子提起来"井盖"——他告诉我骑自行车时不要轧在井盖上。起初我不知道什么是"井盖"（我儿子经常知道我不知道的中文单词），所以我请他给我解释一下。他觉得这很有趣（他了解我不知道的知识），在最后他甚至告诉我井盖和井盖是不同的，有些下面是水，有些下面是气。这可能看起来只是骑自行车过程中的一次简单的谈话，当然也确实是，但这显然也是一次启发性学习经历。而它始于一个简单的问题。

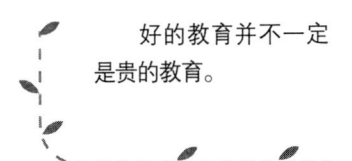

> 好的教育并不一定是贵的教育。

> 当您的孩子在搭建积木等玩具的时候，是会按照既定图纸搭建，还是更多地会自己创造呢？

作为父母，我们面临着巨大的压力——我们会考虑孩子在社会上是否有足够的竞争力。为了解决这个问题，我们花了很多钱送孩子去上课外班，却往往忽略孩子是否真的从中受益。学习的科学告诉我们，这些课程本身并不会让孩子成为主动的学习者。有些课程能让孩子学到的东西，在日常互动中也是可以得到的。如果您还不确定的话，可以去创造模棱两可环境的地方，同时激发您和孩子两个人的兴趣，比如儿童博物馆就是个很好的选择。

读到这里，您对"学习"以及如何学会学习，有什么新的想法吗？您是否准备和祖父母辈分享一下您新学到的知识呢？不妨记录下您此刻的感受吧。

成长笔记

原图相册

>>> 若您想观看本章中图片的彩色原图，请扫描文旁二维码。

第二章
带孩子玩转儿童博物馆

章前导读 >>>

从上一章内容中,您已经了解了世界各地都有什么样的儿童博物馆、儿童博物馆有哪些特点以及与儿童博物馆相关的早期学习理论。至此,您已经可以称得上是了解儿童博物馆的资深人士了。不过,光了解儿童博物馆还不够,如果有一天您有机会带孩子走进全世界任何一家儿童博物馆,您该做什么呢?这一章,我们会通过孩子和家长在儿童博物馆中的实际案例让您看见在儿童博物馆里孩子是怎么学习的,也会让您看见家长在儿童博物馆里是如何与孩子互动的。等读完这一章的内容,您带孩子走进儿童博物馆时,一定能成为孩子很好的玩伴和老师,同时您也会成为一个游戏专家,可以随时随地为孩子创造边玩边学的机会。

第一节

儿童博物馆里看不见的学习

本节作者：张旎[1]

童年时总有那么一瞬间，通往未来的大门被打开了！

——［英］格雷厄姆·格林

儿童博物馆就是一个为儿童打开通往未来世界大门的地方。您可能认为对于孩子来说，学习是看得见的识字算术，而对于孩子来说，学习是他生活的全部。在儿童博物馆里，您或许只能看见孩子玩，却看不见孩子在学什么，我们想邀请您戴上一副专业的眼镜，去看看孩子在儿童博物馆里都在学什么，儿童博物馆又是如何为孩子打开通往未来的大门的。

---

[1] 张旎：北京师范大学教育学部中国儿童博物馆教育研究中心创始主任，呼和浩特市老牛儿童探索馆创始理事长，中国儿童中心老牛儿童探索馆理事，国际儿童博物馆协会中国大使。

一、自由玩耍中的探索学习

儿童博物馆是一个孩子可以自由玩耍的环境，在这个环境里孩子可以进行各种各样的探索学习。在这里，我们提供了很多儿童博物馆里孩子们玩耍的照片，您可以和我们一起看看这些孩子在儿童博物馆究竟在学什么。首先，您需要了解，在儿童博物馆里，学习意味着什么。或许一提到学习，您首先想到的是学习知识或者概念，您会想到中国的古话"学海无涯苦作舟"。其实，在儿童博物馆里，学习是一个特别愉悦和快乐的过程，因为孩子会在儿童博物馆的环境中边玩边学，享受学习的乐趣，而他们在这个过程中学到更多的是一些重要的技能或者思维方式。应该说，儿童博物馆里的学习可以帮助孩子为一生的学习打下一个良好的基础，让他们今后在学校里的学习更加轻松。那么，我们一起来看看，孩子们究竟在儿童博物馆里学到了什么？

> 儿童博物馆里的学习可以帮助孩子为一生的学习打下一个良好的基础。

（一）科学思维

孩子是天生的科学家，他们每天都在做各种各样的实验，他们想搞明白身边的东西都是怎么运作的，他们还想知道为什么，他们想知道自己可以怎样控制周围的东西，所以他们在生活中会做各种各样的尝试。对于环境中的新事物，他们通常会去主动探索和摆弄这些新事物来验证自己对于这些东西产生的一些想法，这些正是科学思维的模式。正是在这样的探索中，孩子们会自己总结一些规律，并且逐渐掌握相同的事物所具备的普遍特征。儿童博物馆为孩子们提供了大量去探索和尝试的机会，孩子们在探索和尝试中可以去发现因果关系和普遍规律，锻炼他们的科学思维。

> 孩子是天生的科学家，他们每天都在做各种各样的实验。

中国儿童中心老牛儿童探索馆有一个"缤纷水世界"展区（如图2-1-1），

当孩子们一遍遍把塑料片放进水管道的时候,他们会认真观察塑料片的流动。他们在这个过程中思考水流的作用,他们也会尝试改变水流的方向,观察改变之后产生的结果,他们不断探索寻找规律,过程中产生对于水的深入理解。在场馆玩球的区域,孩子们也有机会去做不同的尝试。例如,当他们转动转盘,通过传送带把小球送到高处的时候(如图2-1-2),他们会思考转盘和传送带之间的关系,他们会尝试自己转动的不同方式所产生的速度变化,他们也会用全部的力量去测试自己能够产生的影响力(如图2-1-3),他们在这个过程中总结关于力的理解。

  儿童博物馆为孩子们提供了自由探索和尝试的环境,在这样的环境里,没有正确的和固定的答案,孩子们可以不断尝试自己可以做什么,自己的行为可以带来什么样的变化。在这样的环境下,孩子的科学思维才有机会得到

图2-1-1 "缤纷水世界"展区

图2-1-2 "球区"传送装置

图2-1-3 "球区"发射装置

更好地培养和锻炼。

> 您在家里是不是也可以为孩子创造这样的学习环境呢？如何让孩子有机会去探索和研究身边的事物，自己寻找规律呢？

（二）数学能力

一提到学习数学，或许您首先想到的是认识数字，学会计算。其实，孩子们在玩的时候培养了多种与数学相关的能力，比如测量、量化、分类、排序、计数，认识部分和整体的关系等。孩子们在玩的过程中通过实验、观察和比较来锻炼高阶思维，同时也为将来学习相关的数学概念奠定了基础。

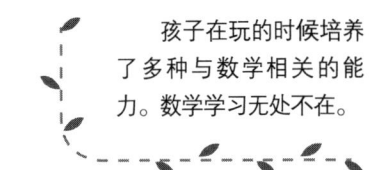

> 孩子在玩的时候培养了多种与数学相关的能力。数学学习无处不在。

在中国儿童中心老牛儿童探索馆里，有这样一个墙面，孩子们可以随意拼插组合各种颜色的小棒，每个小棒插到孔里之后都会亮起来（如图2-1-4、图2-1-5）。这个在成人看起来很简单的游戏，对于孩子们来说却可以进行无穷无尽的学习。孩子们可以用不同的颜色进行排列组合，拼出不同的形状。在拼图的过程中，孩子们需要计算和分类，需要研究距离和方向，这些都是

图2-1-4 "彩色小棒"展项-1 　　　图2-1-5 "彩色小棒"展项-2

重要的数学概念，孩子们在没有成人的引导下就已经开始了自己的探索和学习，很可能我们作为成人并没有观察到孩子正在进行的数学学习。

儿童博物馆提供了很多机会让孩子通过游戏来探究数学概念，其实在日常游戏中，孩子同样也有很多机会去研究数学问题，比如当孩子在沙坑里玩时，您可以给孩子提供一些大大小小的杯子，他们自然就会去研究一些关于体积和重量的概念；再比如，很多小孩子都喜欢在厨房里帮忙，如果让孩子参与到做饭的过程中来，不管是称量食材、切菜切肉还是分配餐具，都与数学概念有关。或许从现在开始，在孩子的日常生活中，您都可以发现他们对于数学概念的探究，其实数学学习无所不在。

（三）解决问题

孩子在游戏的过程中可能会遇到两种问题，一种是有固定答案的，比如拼图游戏，孩子需要按照正确的方式把图案拼出来；另一种是没有固定答案的，比如积木，孩子可以按照自己的想象去搭建，并没有标准的方案。这两种不同的游戏对于孩子来说会锻炼不同的能力。有固定答案的

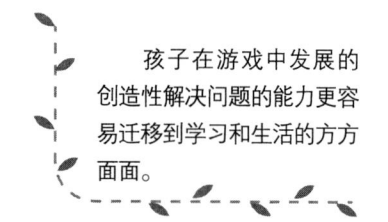

> 孩子在游戏中发展的创造性解决问题的能力更容易迁移到学习和生活的方方面面。

游戏会锻炼孩子去寻找正确答案的能力，这种能力对孩子在学校里的学习和考试会有帮助。没有固定答案的游戏会锻炼孩子创造性解决问题的能力，这种能力更容易迁移到学习和生活的方方面面。

比如，在呼和浩特市老牛儿童探索馆里有一个展区叫"爸爸的工作间"，在这个工作间里孩子们可以尝试利用风力去吹动叶片转动（如图2-1-6）。孩子们需要用管道拼接出一个风道，控制风的流向。在这样一个完全开放的探索环境中，孩子们可以进行各种各样的尝试：怎样拼接风道最有效？风吹向叶片的什么位置能够使叶片转得最快？不同长度和走向的风道会影响风的速度吗？想要解决这样一个问题，孩子们可以采用很多种不同的方式，同时他们也有机会去分析和对比不同的方式所产生的不同效果。

在工作间里，还有另外一个管道拼接的游戏（如图2-1-7），在一面磁力墙上，孩子们可以看到各种各样不同形状和大小的管道，他们可以用这些管道来拼接出轨道，想办法让小球落到黑色的盒子里。解决这个问题的答案并不是唯一的，孩子们也可以用各种各样的方法来尝试。

图2-1-6 "爸爸的工作间"展区-1　　图2-1-7 "爸爸的工作间"展区-2

在孩子们尝试用不同的方法解决问题的时候，一方面锻炼了他们创造性解决问题的能力；另一方面也会培养他们的科学思维。因为孩子们在探寻解决方案的时候通常也是在验证自己的假设，他们在这个过程中寻找规律，形成对事物的认识。

> 在家里，孩子玩的玩具哪些是有固定答案的，哪些是没有固定答案的？您可以给孩子提供什么样的机会去锻炼他们创造性解决问题的能力呢？

读到这里，我们想请您记录下自己阅读这一小节的收获，您看待孩子游戏的方式有什么变化吗？您对孩子在游戏中的学习有了什么新的认识？儿童博物馆里的这些游戏环境给了您哪些启发？在家里，您可以给孩子提供什么样的游戏和学习机会呢？

> > > 解密儿童博物馆，激发孩子学习潜能

成长笔记

二、过家家里的深度学习

走遍世界各地的儿童博物馆，几乎都少不了角色扮演的区域，也就是给孩子们提供玩过家家机会的地方：孩子们可以在厨房做饭（如图2-1-8），在超市购物（如图2-1-9），在消防局工作（如图2-1-10），在宠物医院当医生（如图2-1-11），在饭店当服务员（如图2-1-12），或者模拟驾驶火车（如图2-1-13）。孩子们可以自由地选择自己想扮演的角色，编自己的剧本，演自己的故事，您会发现他们在过家家游戏中很认真、很专注。

图2-1-8 模拟厨房

图2-1-9 模拟超市

图2-1-10　模拟消防局

图2-1-11　模拟宠物医院

图2-1-12　模拟餐厅

图2-1-13　模拟驾驶火车

相信您的孩子在家里也喜欢玩过家家的游戏，或许有时您会觉得这些游戏实在是无聊，或许有时您也不明白孩子们为什么会一遍遍重复一个情节也不觉得厌烦。您可能不知道，过家家游戏中隐藏了大量的学习，而这些学习对孩子的能力养成至关重要。面临21世纪变幻莫测的世界，各个国家的学者都在研究哪些是孩子在未来世界生存必备的能力，学者们普遍认同，创造力、思辨力、沟通能力和协作能力是学习和创新能力的重要组成，灵活性、主动性、社交能力、责任心和领导力是重要的生活和职业能力。在这一部分，我们会为您揭秘孩子在过家家游戏中的深度学习，相信在读过这一小节之后，您会理解过家家游戏对于孩子成长的重要作用，希望从此您也会对孩子的过家家游戏另眼相看。

（一）模拟超市

模拟超市是全世界儿童博物馆里的经典项目。在这个区域，孩子们会自动扮演起收银员、顾客、理货员等，忙得不亦乐乎。您可能并不一定理解为什么孩子会对模拟超市如此热衷，玩起来完全停不下来。我们给您描述一段孩子们在中国儿童中心老牛儿童探索馆模拟超市里玩的场景，一起看看每个孩子都在进行怎样的深度学习。

在下面这个游戏案例中的孩子们和其他去儿童博物馆玩的孩子一样，互相并不认识，只是在模拟超市中自动分配了各种角色一起玩。为了方便您了解每个孩子的学习，我们给这段游戏中的孩子们分别起了名字。

收银员一：天浩，男孩，5岁左右

收银员二：佳佳，男孩，4岁左右

顾客一：音音，女孩，3岁左右

顾客二：笑月，女孩，6岁左右

顾客三：翔宇，男孩，5岁左右

顾客四：小童，女孩，2岁左右

天浩是这段游戏中的主角，他在模拟超市玩了将近半个小时，基本都在担任收银员的角色。游戏开始时，天浩正将音音购物篮里的商品小心翼翼地倒在传送带上，音音认真地注视着天浩的每一个动作，当天浩把第一个商品扫码之后又放回到购物篮里的时候，音音很惊讶地对他叫了几声，她可能觉得扫码之后的商品不应该再放回购物筐里了。可是她发现天浩对她连续叫的几声都没有任何反应，还在非常娴熟地继续扫码时，她深吸了一口气，接纳了天浩的做法。天浩把音音买的面包、青椒、红薯、苦瓜、杨桃、梨、甜甜圈等商品逐一扫码放到购物筐里，音音全程几乎都在注视着天浩。

在音音结账的过程中，笑月推着购物车走过来了，看见音音正在结账，就站在旁边等候，这时翔宇提着个空的购物筐走到天浩跟前问他："您能告诉我，在哪能找到鱼吗？"天浩伸手指了指卖鱼的柜台后，继续给音音的最后几个商品扫码。等他把音音的全部商品都装到购物筐里之后，他把购物筐搬到了音音面前，音音从柜台上取走了购物筐。与此同时，笑月的爸爸催着笑月回家，笑月很不乐意地说："我要结账呢，还不能回家！"天浩在给音音结完账之后，立刻走到柜台外面把笑月装满商品的购物车推到柜台里面来结账，当他刚拿出一根香蕉扫码时，听到笑月爸爸的再次催促："该回家了！"天浩把扫过码的香蕉放回到购物车里，用手在收银机上敲了两下，然后把购物车推出去给笑月，笑月做出了一个付钱的动作之后推着购物车离开了。

趁着没有顾客结账的空当，天浩蹲下来在柜台下面整理物品。这时翔宇拎着购物筐又回来了，他还没有找到鱼，想请天浩帮忙。天浩领着翔宇去找鱼的时候，佳佳跑到了收银台前开始转动商品传送带的手柄。转了几下空空的传送带之后，佳佳觉得没什么意思，就跑去找了一辆购物车推到了收银台柜台里，准备开始当收银员。这时天浩找到了两条鱼交给了翔宇，赶紧回到收银台的岗位上，却发现佳佳在收银柜台里，当佳佳表示他也知道怎么转手柄的时候，天浩一边握住手柄，一边用身体把佳佳推出收银柜台，不希望佳佳来接替他的工作。佳佳的妈妈示意佳佳离开收银柜台，佳佳走开了。

这时，2岁的小童使劲伸着胳膊，把购物筐里的藕放到了传送带上，小童的妈妈赶紧过来帮忙，问天浩这个藕怎么卖的。天浩给藕扫了码，在收银机上按了一下之后把藕放到了小童妈妈面前。这时小童从购物筐里拿出了另外一个藕放到了传送带上，天浩赶紧拿着藕再去扫一遍之后交给了小童妈妈。小童妈妈拿着两个藕在询问天浩价钱，小童一直很认真地注视着他们的对话，随后又拿出了面包放在传送带上，天浩拿着面包扫码之后交给了小童妈妈。

您在读过上面这一段游戏描述之后，可以想想看小朋友们在这个过程中学习了什么，并在阅读下面的内容之前记录下您的想法。

阅读笔记

不知道您在阅读笔记中记录了什么，孩子们是在学习还是在瞎玩呢？如果在学习，又在学什么呢？我们一起看看在这段游戏中，孩子们都在学习什么吧。

1. 主动性

主动性是21世纪人才核心能力之一，而这种主动性在孩子的过家家游戏中是最显而易见的。在游戏中，天浩在收银员的岗位上坚守了半个多小时，非常认真负责地为每一位顾客结账，完成这些看似枯燥的收银程序需要天浩有很强的主动性。笑月在爸爸催促她回家的时候，还能站在音音旁边排队等候，没有抢先结账，说明笑月能够自主地遵守规则。孩子们在游戏

> 在过家家游戏中，如果孩子自主设计了游戏规则和游戏内容，他们会更愿意遵守，即使遇到困难或者干扰，也会想办法让自己服从规则。

过程中往往都会遵守规则，而对于现实生活中，我们大人平日提出的要求却不一定愿意配合，这里关键的差别在于谁拥有自主权。在过家家游戏中，孩子掌控着规则，因此他们愿意遵守规则，也表现出更强的自我管理能力。如果成人进入孩子的游戏并且开始主导游戏时，孩子表现出来的自我管理能力就会显得比较低。只有当孩子觉得自己拥有自主权时，才会进行主动的自我管理。现在估计您明白了，为什么有些话您跟孩子说一百遍他也不一定会听了，因为那不是他自主制定的规则，他自然不会主动遵守。对于教养孩子，有一个有效的方法也与自我管理的理论相通——在现实世界中解决不了的育儿问题可以通过模拟世界来解决。如果您能充分利用过家家游戏来锻炼孩子的主动性，相信他在平日也会更容易配合您的要求。

> 自我管理能力不是在他人的约束下形成的，相反，自我管理能力的前提是拥有自主权。

注意：自我管理能力不是在他人的约束下形成的，相反，自我管理能力的前提是拥有自主权。如果您企图用控制孩子行为的方式来让他学会自我管理，您应该是走了一条相反的路，结果可能会导致孩子的抵抗以及你们之间的矛盾。

2. 灵活性

在孩子长大之后的生活中，灵活性是必不可少的。学习书本知识不一定能帮助孩子锻炼这个重要的能力，但过家家游戏过程中，孩子的灵活性能够得到极大的锻炼。过家家游戏为孩子创造了一个非常安全的环境来学习，尤其是锻炼应对突发情况以及负面的情绪。在真实的超市里，孩子们往往没有机会这么放松地去购物，在成人的世界里，孩子的内心可能会紧张也可能会恐惧，而在这个模拟的世界里，孩子们不需要面对过于紧张、过于恐惧的情绪，负面情绪在自己可控的范围之内，孩子有机会锻炼如何去应对。还记得，最开始音音发现天浩把扫过码的面包放回到购物筐之后冲天浩叫了几声吗？当天浩没有理会她时，她明白了天浩所制定的游戏规则，自己深吸了一口气开始耐心地等待。如果是在真实的超市里，面对陌生的成年人，孩子可能不会有勇气表达自己的想法。在模拟超市里，孩子知道表达不同意见是可以的，同时，当不同意见没被接纳的时候，孩子也有能力去适应。您可能不知道，在过家家游戏中，孩子的灵活性和适应能力比在现实生活中强很多。正是因为一切都是假装的，孩子便可以在一个很放松的环境里，不断锻炼自己的能力以便去应对真实世界中的种种压力和挑战。

3. 责任心

天浩在当收银员的时候能够理解收银员这个工作岗位的职责，他需要把顾客的商品一一扫码，给他们结账，他需要回答顾客的问题，在顾客遇到困难的时候，他需要去帮忙解决，没有顾客来的时候，他也不能离开岗位，需要在那里耐心等待或者在岗位上处理其他的工作。没有哪种游戏能够更容易地让孩子理解不同职业所应担当的责任，也没有哪种游戏能够让孩子锻炼这些能力。在过家家游戏中，如果孩子自主设计了游戏规则和游戏内容，他们会更愿意遵守，即使遇到困难或者干扰，也会想办法让自己服从于规则。在天浩担任收银员这个角色时，即使没有顾客来结账，他也需要在收银台前不能离开，这时候他需要控制自己想要去玩其他游戏的冲动。您一定会希望孩子在做作业的时候能够具备这种担当责任的能力，或许您并没有想到这种能力是通过过家家游戏一点一点锻炼和培养出来的。

4. 沟通能力

记得翔宇拿着购物筐找天浩帮忙找鱼吗？天浩指了鱼的位置后，翔宇就赶紧跑去找鱼了，可是不一会儿翔宇又转回来了，他没有找到，还需要天浩帮忙，于是天浩就带着他去找了。遇到困难向他人求助时，需要孩子具有良好的沟通能力，如果孩子不能明确表达需求，

> 孩子不断在过家家游戏中演练沟通能力，等到了真实环境中才能运用这些能力去和其他人顺畅地交流。

他也很难获得别人的理解和帮助。过家家游戏正是给孩子提供了锻炼沟通能力的机会。在游戏中，孩子们很放松，不用害怕被拒绝，孩子不断在过家家游戏中演练沟通能力，等到了真实环境中才能运用这些能力去和其他人顺畅地交流。沟通能力并不是一下就能锻炼出来，需要很多次的演练，而在此之前，更多的是倾听和模仿。记得游戏中的小童吗？她从头到尾没有说话，只是把商品放到传送带上，很认真地注视着天浩，很认真地听妈妈和天浩的对话。即使小童没有主动用语言沟通，她一边在用动作和天浩进行沟通，另一边也在通过倾听学习妈妈与天浩的对话，相信这样的积累到了一定程度，小童就能很顺畅地用语言进行沟通。

5. 社交能力

当天浩帮翔宇找完鱼回到收银台时，发现佳佳站在收银台前，他显然认为佳佳不该占领他的收银员岗位。但是对于佳佳来说，他并不一定知道天浩之前在这里，或者天浩还会回来。佳佳也试图和天浩共享这个岗位，因为佳佳也对转商品传送带的手柄很感兴趣，但是天浩用身体把他推出了收银台，佳佳只能离开了。在这一段对峙中，天浩和佳佳之间发生了矛盾，他们都在以自己的方式表达诉求，而最终是以佳佳的退让结束的，并没有将矛盾升级。想想看，孩子在真实世界中是不是正是需要这样的社会交往能力？孩子会遇到很多矛盾、冲突、争执、纠纷，在遇到这些问题的时候，是该退让还是该争取？是该分享还是该独占？其实对于成年人来说也没有一个标准答案，具体该怎么做一定是一个审时度势的选择，这个选择可能会给自己带来更大的麻烦，也会让自己海阔天空，如何做明智的选择是一种生活智慧，而这种做选择的能力最早就是在过家家游戏中锻炼出来的。孩子在游戏中有机会接触不同性格的孩子，遇到各种各样的矛盾，在游戏中孩子做的每一次选择以及所带来的结果都是一次演练，在这个过程中，孩子会不断了解遇到不同的人、不同的事应该用什么样的方式去处理可以带来更好的结果。

> 如何做明智的选择是一种生活智慧，而这种做选择的能力最早就是在过家家游戏中锻炼出来的。

6. 解决问题能力

这段游戏中最精彩的是天浩为笑月结账的片段。笑月在排队结账的时候爸爸就催促她赶紧回家，但笑月坚持要结了账才能走。虽然天浩在这个过程中正忙着给音音结账，但他显然已经意识到了笑月所面临的问题，因此当他给音音结完账之后，立刻跑到收银台外面把笑月的购物车推了进来。天浩刚刚从购物车里拿出一个香蕉扫码时，再次听到了笑月爸爸的催促声，这时天浩没有再继续给笑月购物车里的其他商品扫码，而是敲了两下收银机之后就把购物车推出收银台给了笑月，同时笑月做了一个付钱的动作，天浩也做了一个收钱的动作。笑月高高兴兴地推着购物车出去之后跟爸爸走了。这一段之所以精彩，是因为我们可以看到天浩在遇到一个问题的时候能够如何创造性地解决，在遇到笑月和爸爸的矛盾时，他没有固守着自己的收银规则，而是简化了流程之后，让笑月和爸爸都能够满意而归。虽然从表面上来看，这几个动作很不经意，而实际上，天浩是根据形势做了评估之后的选择。

> 在成人为主导的真实生活中，孩子作为一个被动的角色很难发挥自律专注的能力，也更难锻炼生活必备的技能和核心素养。

过家家游戏本质就是给孩子提供了为真实生活做演练的不同场景，在这些场景中，孩子可以自主决定游戏规则和内容。有了自主权，孩子就能够更加自律、更加专注。在游戏中遇到问题的时候，孩子能够适应不同环境对自己的要求、能够想办法与人沟通、能够调动自己的积极思考来做选择，并且能够创造性地解决问题。如果是在成人为主导的真实生活中，孩子作为一个被动的角色很难发挥自律专注的能力，也更难锻炼这些生活必备的技能和核心素养。

看过上面的描述，您应该能感受到，在这短短的游戏过程中发生了很多事。的确，在过家家游戏中孩子锻炼的能力有很多，而这些能力对他们长大之后的学习和工作也很重要。我们帮您提取了在这段游戏中，孩子们锻炼到的六个重要能力，这些能力也是21世纪人才的必备技能和核心素养。

（二）模拟消防局

在分析过孩子们在模拟超市里的游戏之后，希望您已经具备了观察他们在过家家中深度学习的能力，下面我们为您准备了一段在模拟消防局里的视频，可以帮助您继续锻炼观察能力，我们在呼和浩特市老牛儿童探索馆里拍摄了一段不到3分钟的视频，记录了一个小男孩和一个小女孩的游戏过程。我们一起来看看他们是怎么一起学习的。

我们还是给游戏中的小朋友们起了名字，来记录他们的游戏过程，您也可以在随后扫码观看这段视频，写下自己的观察笔记。

消防员1：小武，男孩，5岁左右

消防员2：冬雪，女孩，6岁左右

游戏开始时，小武和冬雪穿着场馆准备的消防员服装，戴着消防员帽子，假装躺在消防员的床上休息，不一会儿，小武突然站起来拿起旁边的电话说："喂，噢……"这时冬雪立刻从床上起来跑向消防局里的滑杆，小武挂了电话之后也往滑杆的方向跑去，路上停下又接了另外一个电话。冬雪返回来找他，问他怎么了，他说有两个火警电话，说完，两人一起跑向滑杆。

冬雪和小武按顺序爬上楼梯，再从滑杆上滑下来，奔向消防车的方向。冬雪先上了车，握着消防车的大方向盘转动。小武赶过来，看见冬雪已经在开车，把冬雪从驾驶员的座位上挤到了一旁，自己握住方向盘开始转。冬雪不高兴了，和小武起了争执，伸手也要握住方向盘一起转。刚转了一下，小武突然就跳下了车，冬雪忙喊他："车还没停呢！"小武跑了一半又跑回来，看到另外一个小女孩在消防车门前站着，大声跟她说："快去救火呀！"说完就跑到消防车旁去找消防水枪，留下那个小女孩一脸茫然。小武在消防车旁没有找见水枪，四处张望，发现了在墙面上的消防水龙头，赶紧拿起来做出喷水的样子。冬雪绕着消防车跑了一圈，看见小武拿着水龙头，也赶紧跑过来，接过小武手中的水龙头，把它放回了原位。

　　冬雪刚放好水龙头，小武着急地拍拍她说："好了，还有第二个火警。"冬雪赶紧跑向消防车，小武追过去拉着她说："第二个火警电话！"边说边把冬雪拉到滑杆附近。小武先爬上了楼梯，冬雪跟在后面，滑杆前面还有另外三个小朋友在等待，其中，站在滑杆前的小女孩有点害怕，不敢往下滑，她慢慢蹲下，用手扶着滑杆，滑杆下的小朋友在给她加油，她还是很犹豫，小武站在后面等不及了，开始喊："快点！快点！"小女孩在加油声和催促声中，终于勇敢地滑下来了。小武和冬雪紧跟其后迅速滑下。滑下之后，小武爬到了消防车的工作斗里，转起了那儿的方向盘，冬雪跑过去看到之后觉得不对，又跑到了消防车的驾驶室里，转起了方向盘，小武紧跟其后，这回，他没有挤占驾驶员的位置，而是从冬雪背后想爬到副驾驶的位置。小武还没坐稳，冬雪已经从消防车上下来，跑到了消防水龙头那里，拿起水龙头开始灭火。小武从消防车上下来之后，没看到冬雪，沿着消防车找了一圈之后才看到冬雪已经准备把水龙头放回原位了。他拉着冬雪的手离开了消防水龙头，准备新一轮的游戏。

▶ 视频资料

消防局

　　请扫描文旁二维码，观看视频"模拟消防局"。在这段不到 3 分钟的视频中，您会看到小武和冬雪在呼和浩特市老牛儿童探索馆模拟消防局里的游戏过程，我们还是建议您在阅读下面的内容之前观看这段视频，并在下面的观察笔记中记录下他们在这个过程中学习了什么。

> 观察
> 笔记

1. 创造力和想象力

不知道您有没有想到，玩好过家家游戏是需要创造力和想象力的。场馆给孩子们提供了一个场景和一些道具，于是孩子们有了机会基于这个场景和这些道具来编撰自己的故事情节。记得在游戏刚开始时小武和冬雪在消防员的床上假装休息吗？他们穿上消防员的制服之后就进入了角色，开始表演自己对消防员工作的理解。当小武拿起电话说："喂，噢……"的时候，电话的那头并没有人跟他说话，他在假想着这样的情节。您可能也发现了，小武和冬雪的一系列动作，包括接电话、从滑杆滑下、开消防车、找消防水龙头、灭火等，是在演绎一个完整的故事情节。没有人报警，也没有真的火灾，消防车也在原地没动，如果没有创造力和想象力，他们不可能进行这样的游戏。还记得小武在接完第一个电话之后又接了第二个电话，并且说有两个火警吗？小武在编撰故事情节方面表现出了很强的创造力。

您可能带孩子去过一些职业体验的场馆，在那里，孩子可以扮演某一个职业，完成特定的任务，获得一些"收入"，您或许会觉得儿童博物馆里的角色扮演和职业体验馆里的看起来差不多。虽然都是相同的场景，类似的道具，儿童博物馆和职业体验馆却有着本质的区别。在儿童博物馆的角色扮演区域，没有特定的脚本，没有固定的任务，也没有时间的限制，所有的场景和道具都是用来激发孩子的创造力和想象力编撰和演绎故事的。

如果在儿童博物馆的角色扮演区，您不知道该怎么和孩子一起玩，那可能说明您的创造力和想象力确实不如孩子。如果您也不明白孩子们为什么会一遍又一遍地编撰不同的故事情节来表演，可能您也没有理解他们是如何在游戏中发挥自己的创造力和想象力的。创造力和想象力是21世纪人才核心素养中的重要能力。在未来，大多数工作或许都会由机器来完成，创造力和想象力是人类胜于机器的核心能力，创造力和想象力的重要性，我们不需要再强调了。只可惜在平日，家长可能更关注孩子学到了什么知识，而忽略了对他们未来更重要的核心能力。希望您在看到这一段内容之后，能够学会欣赏孩子在过家家时编撰的故事，如果您也能参与其中和孩子一起编故事、演故事，对孩子来说，那是在学习上最大的支持。

> 如果在儿童博物馆的角色扮演区，您不知道该怎么和孩子一起玩，那可能说明您的创造力和想象力确实不如孩子。

2. 沟通能力

在模拟超市里，翔宇向天浩寻求帮助时在锻炼他的沟通能力。在模拟消防局里，小武锻炼沟通能力的方式不太一样，他一边玩一边说着自己编撰的故事情节，同时也会跟冬雪沟通下一步该做什么，冬雪也能够很好地理解小武的意图，非常配合小武的游戏进度。

还记得小武接完第一个电话，冬雪立刻跑向滑杆后发生的事吗？小武跑到半道又去接了另外一个电话，冬雪发现小武没有来，跑回来问他怎么了，小武说有两个火警。当冬雪询问的时候，小武能够准确地沟通自己为什么没有立刻跑到滑杆那里，把自己编撰的另一个故事告诉了冬雪，冬雪也非常准确地接收了这个信息，两个人接下来的游戏就在小武编撰的情节中顺利展开。

对于孩子来说，能够清晰地表达自己的想法让别人理解是非常重要的能力，同时，能够听懂别人的意图并且配合也同样重要。有时候，孩子会因为不能准确表达自己的想法而被

> 我们的孩子未来需要与非常多样化的人群进行沟通，如果他们不能很好地表达自己、理解别人，就会给自己和别人都造成很多困扰。

人误解；有时候，孩子会因为不理解别人的意图而产生误会。想想看，缺乏沟通能力的孩子在生活中会遇到多少障碍，制造多少麻烦？现在，经济全球化的进程需要不同国家和民族人群之间的相互沟通和理解，沟通能力在21世纪人才核心素养中就变得尤为重要。我们的孩子未来需要与非常多样化的人群进行沟通，如果他们不能很好地表达自己、理解别人，就会给自己和别人都造成很多困扰。读到这里，也许您能够开始关注孩子是如何在过家家游戏中努力表达自己和理解别人的。

> 当孩子在过家家游戏中遇到沟通困难的时候，您可以如何帮助他学习和成长？

3. 协作能力

相信您已经注意到小武和冬雪在游戏中相互配合的过程，两个人共同完成了两次模拟火警的救火任务，但是在游戏中两个人的表现并不一样。小武是游戏的主导者，他在主动编撰故事情节，冬雪主要是在配合小武进行游戏，但是游戏过程中，冬雪也会有自己的想法，比如，当小武突然跳下消防车时，冬雪大声喊道："车还没停呢！"这时，小武也很配合地跑了回来。如果仔细观察，您会发现小武和冬雪在完成这两次火警的救火任务时，两个人的角色有了变化。第一次游戏时，冬雪跑在前面，小武跟在后面，上了消防车后，小武把冬雪挤到一边握住了方向盘，在下了消防车后，小武首先找到了水龙头，开始灭火，等冬雪跑过去的时候，只能接过水龙头，把它放回了原位。第二次游戏时，小武跑在了前面，冬雪跟在了后面，这次当冬雪上了消防车转动方向盘时，小武没有再去挤她，而是想办法爬到副驾驶的座位上，冬雪没等小武坐稳就下了车，冲到水龙头那里拿起水龙头假装救火，等小武赶过来的时候，冬雪已经完成了救火的任务，把水龙头放好了。您会发现，两个小朋友在这两次模拟游戏中并没有商量谁该做什么，但他们都有自己的想法，并且能够一起协作完成任务。

对于孩子来说，协作能力体现在能够和其他孩子一起游戏，也能够遵守游戏规则。可以看出来，小武和冬雪在这一小段游戏中充分地锻炼了他们的协作能力。要知道，协作能力也是21世纪人才核心素养中的重要组成，具备协作能力的孩子将来才能够和不同的人合作，分担责任去实现共同的目标。相信您仔细观察，一定会看到孩子们是如何在过家家游戏中学习相互协作的。

4. 社交能力

对于孩子来说，社交能力体现在和其他小朋友一起玩的时候能够分享，能够理解自己的行为对别人产生的影响，能够表现出对别人的关心，同时也能尊重别人的不同。儿童博物馆里，不同年龄的孩子在一起玩，创造了很多机会让孩子锻炼他们的社交能力。还记得小武和冬雪第二次跑到滑杆那时发生的事吗？一个小女孩想从滑杆上滑下来，但是不敢。在滑杆下面的小朋友在给小女孩加油，小武和冬雪在小女孩身后等待。大概等待了5秒之后，小武有点着急了，催促小女孩快点。即使小武催促之后，小女孩还是很害怕，一点点挪动身体。大概又过了10秒，小女孩终于从滑杆上滑了下来。在视频中，我们可以看出来小武和冬雪在这15秒是很着急的，但是他们能够控制自己的行为，耐心等待。想想看，孩子一个人在家里的时候，是不是这样的机会比较少？通常，当孩子和成年人在一起的时候，可能会是成人关注的重点，也可能会被成人忽略，孩子能够和成年人平等交流的机会可能比较少，在儿童博物馆里，很多孩子一起自由玩耍、平等交流，给每个孩子都提供了充分锻炼社交能力的机会。

> 当孩子在游戏中与其他孩子发生争执或矛盾时，您应该怎么做才能帮助孩子学会分享，理解自己的行为对别人产生的影响，关心别人，尊重别人呢？

5. 领导力

您有没有觉得小武在整个游戏中很有领导风范呢？他自己编撰游戏情节，说服冬雪配合他编的故事表演，中途还邀请另外一个女孩加入他们的游戏。虽然他是游戏的主导者，在第二次火警救火游戏过程中，他并没有和冬雪争抢消防车和水龙头，而是配合冬雪完成了救火任务。在这个过程中小武能够号召小朋友一起游戏，有时也能让冬雪来主导游戏，自己只作为配合的角色，小武所表现出来的领导力正是21世纪人才核心素养中很重要的能力。对于学龄前的儿童来说，领导力主要体现在团体游戏中，孩子能够发起游戏，邀请其他孩子一起游戏，在游戏中能够轮流扮演不同角色，接纳其他小朋友在游戏中的不同想法，还懂得如何寻求帮助。日后，当孩子在玩过家家游戏的时候，您也可以仔细观察，看看孩子的领导力是如何在游戏过程中得到锻炼的。

这一部分，我们解读了小武和冬雪在模拟消防局里的学习，希望能够帮助您更深入地了解孩子在过家家游戏中的深度学习，除了我们提到的创造力和想象力、沟通能力、协作能力、社交能力以及领导力之外，小武和冬雪在游戏中也表现出了很强的自主性、责任心、灵活性。

读到这里，我们想请您对比一下自己对以上两个过家家游戏所做的笔记，看看您关注到的学习和我们所写的有什么不同？对您有什么启发？请您写下自己的成长笔记，记录下对于孩子的过家家游戏，您过去是如何理解的？现在有了什么新的想法？未来您会怎么做以便支持孩子在过家家游戏中的学习和成长？

不要小看过家家。如果您觉得孩子玩过家家游戏就是瞎玩，那您可要注意了，孩子在日后学习和工作中所必备的很多能力都可以通过过家家游戏来锻炼呢。如果您希望孩子日后在学习上有良好的表现，让孩子在学龄前有足够的机会来玩过家家游戏是很重要的！

成长笔记

读过本节之后,我们希望您已经充分理解了游戏对于孩子的学习价值,同时,您也从此配上了一副专业的眼镜,能够看懂孩子在游戏中的深度学习,接下来我们想邀请您一起看看,我们作为家长该如何帮助孩子在游戏中学习和成长呢?

第二节
爱学的孩子需要会玩的家长

本节作者：张旎

> 当我们努力教孩子如何生活时，孩子在教我们什么才是生活。
> ——［美］安吉拉·施温特

不知道作为家长，您有没有想过，在孩子学习和成长的过程中，您最重要的任务是什么？在以下的选项中，您可以按顺序标注一下，为了帮助孩子学习和成长您都做了什么？做得最多的可以标注为1，第二多的标注为2，以此类推。

- ☐ 教孩子认字和算数
- ☐ 陪孩子写作业
- ☐ 带孩子去各种兴趣班和培训班
- ☐ 带孩子去各种游乐场和公园
- ☐ 带孩子去各种博物馆和展览馆参观
- ☐ 陪孩子聊天
- ☐ 和孩子一起读书

☐ 和孩子一起玩

☐ 鼓励孩子参与家庭事务

现在看看，和孩子一起玩在您的列表中排在了第几呢？

通过上一节的内容，我们了解到孩子在玩的过程中锻炼的多种能力，这些能力也是21世纪人才核心素养的重要组成。如果您很少和孩子一起玩，有可能会错过很多帮助孩子学习和成长的机会。

下面我们再来思考这样一个问题，如果家长和孩子在一起时会扮演很多个角色，您扮演最多的是以下哪个角色呢？

老师

司机

保镖

保姆

陪读

玩伴

管家

当您选择完之后不妨也问问孩子，您在孩子的心目中是怎样的角色？孩子更希望您是怎样的角色？对比一下您在孩子心目中的角色和孩子希望的角色是不是一样的？如果不一样，您需要怎样重新安排和孩子在一起的时间呢？

在儿童博物馆里我们观察过很多家长和孩子，发现家长在孩子的游戏过程中扮演了不同的角色。

很多家长很少参与孩子的游戏，在一旁看手机或者聊天，偶尔会看一眼孩子，确保孩子在自己的视线范围之内，一旦出现什么危险会立刻上前制止，有时他们也会给孩子拍一些照片。我们把这些家长称为**旁观者**。

有的家长会一直紧跟着孩子，随时满足孩子在玩时的需求，比如，在孩子要上攀爬架时帮孩子脱鞋；当孩子要玩水时，帮孩子穿防水服；在孩子玩的过程中提醒孩子喝水吃东西；当孩子提出需要帮助时，及时给予帮助；当感觉孩子做比较危险的动作时，会及时制止或提供帮助。我们把这一类家长称为**守护者**。

还有的家长就像**老师**，他们会给孩子解释一些展项该怎么玩，会指导孩子玩的过程，会给孩子提出建议，有的也会提出一些问题，这些家长非常希望在孩子玩的时候给孩子多教一些东西。

有的家长是孩子的**玩伴**，他们很享受和孩子一起玩的过程，拿着手偶和孩子一起编故事，假装饭店的顾客，配合孩子一起游戏，和孩子一起折纸飞机，比赛看谁的飞机能够飞得最远。

或许您在我们的观察记录分类中可以找到自己的影子，您觉得哪一种角色更像您呢？在这一节里，我们为您选取了一些儿童博物馆里家长和孩子一起玩的场景以及视频，我们也想邀请您一起来思考一些问题，希望在回答这些问题的过程中，您对如何帮助孩子的学习与成长能够产生一些新的认识。

一、家长会错过孩子的学习吗

在中国儿童中心老牛儿童探索馆里，我们拍了一段一位妈妈和小女孩的视频，我们给这个小女孩起名叫美月。美月在场馆的球区玩耍，她对于用转盘把小球送到上面的球筐里很感兴趣。她一边用力转动转盘，一边想观察自己放在履带上的小球被送到了什么位置。在她非常专注地转转盘和观察小球时，在一旁的妈妈在找最合适的角度给她照相。妈妈拍完照片之后向美月走过去，随后站在美月身边翻看手机，接下来的30秒，妈妈专注地看手机上的信息，并没有看美月在做什么，美月此时一直在用力转转盘，最终把几个小球送到球筐里之后便离开了转盘。

▶ 视频资料

美月和妈妈

请扫描文旁二维码，观看视频《美月和妈妈》。在这个短视频中，您会看到美月和妈妈在中国儿童中心老牛儿童探索馆里一段非常简短的小片，我们建议您在阅读下面的内容之前观看这段视频，并在观察后回答这样几个问题：

1. 您和孩子在一起时经常有这样的行为吗？
2. 您为什么会选择作为一个旁观者？
3. 如果您是这位妈妈，您可以怎样利用这个机会帮助美月学习？

> 观察笔记

或许您已经发现了，在这一段很短的视频中，美月的妈妈是一个旁观者的角色。您对这个角色应该并不陌生，在儿童博物馆的家庭访客中，大部分的家长都会是这样一个角色。当我们询问为什么时，有的家长说他们担心自己会干扰孩子的游戏，所以会选择让孩子自己玩；有的家长希望孩子能够通过自己玩来锻炼独立性；有的家长觉得孩子的游戏有点无聊；有的家长觉得好不容易有一个安全的地方让孩子玩，自己可以放松一下了。不知道您写下的理由和这些有没有相同之处。作为家长，您需要一些自己的时间和空间，您需要放松，您对于教育孩子的想法也无可厚非。虽然您可能无法时时刻刻聚焦孩子的需求，但是您需要知道当您作为旁观者时可能错过了什么，而当您不想作为旁观者时，您可以怎样来帮助孩子学习。

读过上一节内容，您可能已经知道美月在转动转盘观察小球时在学习什么，当美月在转动转盘时可能在思考很多问题，她边转动转盘边观察小球的运动时或许在试图回答自己心中的某个疑问，在这个过程中去验证自己的想法，也建立对于力的基本理解，这正是孩子在游戏中锻炼科学思维的重要过程。当没有别人共同参与的时候，美月的探索可能很短暂，她通过自己的一次实验回答了自己提出的一个问题，实验就此结束了。试想一下，如果这时妈妈能够观察到美月的兴趣所在，提出了更多的问题和美月一起探索，会发生什么？如果妈妈表现出对转盘以及传送带同样的兴趣，她们之间的互动又会发生怎样的变化？或许在妈妈的参与和鼓励下，美月可以在这里进行各种各样的科学实验，通过自己的实验结论来充分理解力、重量、大小、速度等一系列概念。

作为家长，很多时候您可能都是孩子游戏过程中的旁观者，但是，如果您一直都是旁观者，会错过很多对于孩子来说非常宝贵的学习机会。如果您想要抓住这些学习机会和孩子一起探索学习，首先您要有一颗还会对一些事物产生好奇的心。作为成年人，您可能对很多事物都熟视无睹，或者对于很多事物都有一些固定认知了。但要知道，科学思维最重要的一点就是提出一个好的问题去探究，而提出一个好的问题需要的就是好奇心。如果您成为一个充满好奇心的人，在孩子游戏过程中，您将很难是个旁观者，因为您会和孩子一样有太多问题想要去研究明白，您的好奇心会引领孩子进行深度学习和探索，孩子的科学思维也会在您好奇心的引领下得到充分的锻炼。

如果您是一个充满好奇心的家长，当您看到美月对转动转盘运送小球很感兴趣时，或许您可以找一些小球和她一起做实验，您可以提出很多科学实验问题和她一起去探究，比如怎样才能以最快的速度装满顶部的球筐？比如为什么她转动转盘时传送带会动呢？她转动转盘的速度跟传送带传送的速度有关系吗？

> 如果您成为一个充满好奇心的人，在孩子游戏过程中，您将很难是个旁观者。

她需要转多少圈才能把小球送到顶部的球筐里呢？每个传送带隔断上可以放多少个小球呢……

> 关于这个传送小球的展项，您还能提出多少个科学实验问题呢？在日常生活中孩子有哪些锻炼科学思维的机会？您可以如何帮助孩子在日常生活中进行深度学习和探索？

请您回看在观察笔记中自己回答的三个问题，结合这一部分分析的内容，您有什么新的认识？您可以做出哪些改变？

成长笔记

二、家长会干扰孩子学习吗

在呼和浩特市老牛儿童探索馆里，我们拍摄了一段在宠物医院里的视频。视频中的小男孩我们给他起名叫天健，天健的妈妈带着他在宠物医院里玩。在这一段4分钟左右的视频中，天健非常认真地给一只毛绒玩具小猫检查身体。他觉得小猫生病了需要做手术，随后他在宠物医院里四处寻找剪刀，想要完成给小猫的手术，可是其他小朋友正在使用剪刀，所以他只能边给小猫做其他检查，边耐心地等待。终于小朋友用完剪刀放在了桌子上，天健赶紧拿起剪刀，假装给小猫做了手术，之后高兴地说小猫的病已经治好了。在这个过程中，天健的妈妈先是给正在检查小猫身体的天健照相，照相过程中她发现天健戴的医生帽子不太整齐，于是帮他整理帽子。整理好帽子后，妈妈继续给天健照相，后来妈妈发现帽子大小不合适，又从旁边给天健找了一个更合适的帽子换了。在妈妈换帽子的过程中，天健仍然很专注地给小猫做检查。给天健换好帽子之后，妈妈又开始给天健照相。当天健发现别的小朋友正在用剪刀时，妈妈告诉天健让别的小朋友先用，他可以用听诊器给小猫再检查一下。当天健戴上听诊器开始检查时，妈妈想给天健拍一张更好看的照片，于是说："看着我，抬头！"天健迅速抬眼看了一下妈妈之后又忙起来了。妈妈没有拍到想拍的照片，随后走到了一边看着天健玩。接下来的一段时间，天健忙着给小猫做各种检查和做手术，这时，妈妈发现了一个可以看X射线片的地方，指着X射线片叫天健过来看看是什么。当天健看X射线片时，妈妈赶紧拿出手机给天健照相。

▶ 视频资料

天健和妈妈

请扫描文旁二维码，观看视频《天健和妈妈》。在这个短视频中，您会看到天健和妈妈在呼和浩特市老牛儿童探索馆里的一段互动，我们建议您在阅读下面的内容之前观看这段视频，并在观察后回答这样几个问题：

1. 您和孩子在一起时有类似的行为吗？
2. 您觉得这样的行为会影响孩子在游戏中的学习吗？
3. 如果您是天健的妈妈，您认为怎样做会对天健在宠物医院的学习有帮助呢？

> **观察笔记**

在这段视频中，天健的妈妈是孩子的守护者，她想记录下孩子游戏中的美妙时刻，她关注天健穿着的道具服装是否合适；她会教天健礼让其他的小朋友；她也会引导天健去关注他还没有看到的展项。作为孩子的守护者，家长的注意力其实一直都在孩子身上，您或许也时不时地承担着这样的角色，关注着孩子的一举一动。可是，当您以守护者的身份在孩子身边时，或许您很难进入孩子的游戏世界，因为您此时给自己的任务是保障孩子的安全，给孩子留下最美的影像，或者是教导孩子解决问题。记得小武和冬雪在模拟消防局里的学习吗？他们在自己编撰的故事情节里发挥着想象力和创造力，锻炼了沟通能力、协作能力、社交能力和领导力。当您作为守护者时，是否会干扰孩子的学习呢？

现在我们想邀请您把自己假想成为天健，当您在很专注地做一件事时，突然有人在摆弄您头顶的帽子，之后又拿走了您的帽子换了另外一个，您会有怎样的感受？您会做什么？当您正在认真地做着手头的工作，突然有人叫您抬头，要给您拍照，您会有什么想法？您本来正在处理一个重要任务，这时有人叫您去看另外一个东西，并且在您还没反应过来的时候给您拍照，这时您会怎么做？在做过这个换位思考之后，您可以试想，天健妈妈对天健的守护是不是会干扰他的学习呢？

在孩子的角色扮演游戏中，您作为家长该如何参与呢？有一些研究人

> 当孩子们能够自主制定游戏规则、自主编撰故事的时候，他们会更容易遵守游戏规则和故事情节。

员专门对比了孩子在自己主导进行角色扮演游戏和成人主导进行角色扮演游戏时的区别，他们发现，在成人主导的角色扮演游戏中，孩子们表现出来的自我管理能力更低，也就是说，当孩子们能够自主制定游戏规则、自主编撰故事的时候，他们会更容易遵守游戏规则和故事情节。在孩子的角色扮演游戏中，您可以尝试成为孩子编撰的故事中的角色，参与他们的故事，或许在这个故事中，您会是一个更高段位的守护者，因为您不仅守护了他的安全和需要，您也守护了他学习的专注力，并且您还可以帮助他有机会在游戏中锻炼各种重要的能力；也或许在孩子的故事中，您发现了他的天赋和兴趣，在日后可以为孩子找到更多的学习机会；也或许，您和孩子通过游戏建立了深刻的连接，让您突破了成人的思维，从孩子的想象力中感受到生命的力量和生活的意义。

读到这里，请您想一想，您的孩子最喜欢玩什么样的角色扮演游戏？您可以做什么来为孩子创造角色扮演游戏中的学习机会呢？不妨把想法记录下来吧。

成长笔记

三、家长应该教孩子学什么

接下来的这一段视频也是在呼和浩特市老牛儿童探索馆里拍摄的。视频中的小男孩，我们给他起名叫常常，常常的妈妈陪他在场馆的模拟厨房里玩。这个模拟厨房是当地回民家里的风格，名叫尔利奶奶的厨房。厨房里给孩子们准备了各种锅碗瓢盆和厨房工具，也给孩子们提供了很多回民的特色食谱，他们可以假装烹饪。

> 视频资料
>
> 常常和妈妈

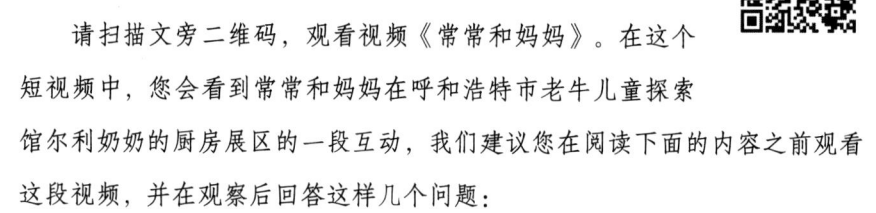

请扫描文旁二维码，观看视频《常常和妈妈》。在这个短视频中，您会看到常常和妈妈在呼和浩特市老牛儿童探索馆尔利奶奶的厨房展区的一段互动，我们建议您在阅读下面的内容之前观看这段视频，并在观察后回答这样几个问题：

1. 常常妈妈在教常常什么？
2. 如果您和孩子在这样一个模拟厨房里，您会做什么？
3. 常常妈妈还可以怎样帮助常常在模拟厨房里学习？

观察笔记

在这段视频里，常常在做莜面。您可以看到视频开始的时候，常常的妈妈把一个面团压扁，想教常常怎么切莜面。常常拿着自己手中的面转身到了灶台前，他在灶台附近找到了一把塑料小刀，随后他把面饼放进了一个小锅。这时妈妈告诉他，不能在锅里切莜面，锅是用来炒菜的。听到妈妈的话后，常常摇了摇锅，像是做出了炒菜的样子，随后从锅里取出面饼，回到了案板前开始切面饼。妈妈在一旁告诉常常需要切成一条一条，看到常常切的方向不对时，伸手帮忙转了一下面饼的方向。当旁边有一个小朋友也想用刀切面条时，妈妈跟常常说可不可以快点切完，让其他小朋友也切。常常继续忙着切面饼。妈妈询问他准备做什么，他没有回答，只是一直切，妈妈问他是不是在切面皮，同时建议他把切好的面皮压扁了放在旁边的小碗里，边说边给常常做了示范。常常随着妈妈把切好的面皮放到了小碗里，等常常把面皮都放到碗里后，妈妈建议常常去锅里下面皮。两人走到灶台前，妈妈取走了灶台上的一个大平锅，把一个小锅放到了灶台上，常常把碗里的面皮都倒在了小锅里，这时妈妈建议常常找一个小勺来搅拌，常常拉开抽屉看到了一个打蛋器。妈妈说这是打蛋器，不是小勺，常常又拉开了另外一个抽屉，看到了一个炒菜勺。常常拿起炒菜勺开始在小锅里搅拌，这时妈妈又问常常面条里需要放点什么，需不需要西红柿。常常放下了炒菜勺，到一边的大平锅里找蔬菜，他找到了胡萝卜和西红柿放到了小锅里，这时妈妈建议他放一个绿色的辣椒，这样颜色好看。常常看了看辣椒之后没有放。在常常往锅里放蔬菜时，妈妈拿着炒菜勺在小锅里搅拌，常常放好蔬菜之后，接过妈妈手中的炒菜勺开始继续搅拌，妈妈假装转动炉灶上的旋钮，把火调小，常常也模仿着妈妈的样子转了转旋钮，还低头假装观察火焰的大小。

常常妈妈是一个很好的老师，您应该已经发现她在模拟厨房里教给了常常很多东西：如何做莜面，如何切面条，该用什么容器装面条，如何煮面条，需要用什么锅，需要配什么菜，需要用什么工具等。过程中，常常妈妈也不忘提醒常常与别的小朋友分享厨房工具。最终常常妈妈和常常合作煮好了莜面。常常在这个过程中也很配合妈妈，他有时跟随妈妈的指令，有时模仿妈妈的行为，当然他也有自己的想法。例如，妈妈建议放辣椒时，他看了看辣椒之后，并没有加到锅里。您会发现，当我们在孩子的游戏过程中扮演一个老师的角色时，孩子会跟我们学会不少生活常识和技能。那么，接下来的问题就是，除了教孩子生活常识和技能之外，我们还可以教孩子什么呢？记得在中国儿童中心老牛儿童探索馆模拟超市里的孩子们吗？他们在模拟超市的游戏中锻炼了自己的主动性、灵活性、责任心、沟通能力、社交能力和解决问题能力。作为家长，我们有没有可能给孩子创造机会锻炼这些能力呢？

> 在一个模拟厨房里，除了以上提到的一些方法，您还可以想出什么好主意来帮助孩子锻炼各种能力呢？

或许您可以在游戏中假装成一个小宝宝，让孩子假装成爸爸或妈妈。这个饥饿的小宝宝想吃爸爸或妈妈做的饭，这时候，具体做饭的步骤不是最重要的了，如何主动又有责任心地照顾一个小宝宝成了孩子的主要任务。也或许您可以假装是奶奶，需要孩子的帮助来准备全家人的晚餐。您告诉了孩子需要准备的食材和菜谱，请孩子帮忙来完成一些任务。过程中，孩子可能需要想办法来解决一些问题。没准儿，您还可以邀请在厨房中的小朋友们一起来帮忙准备一场节日盛宴，这时相互并不熟悉的小朋友们便有了机会去沟通协作来完成任务。一个小小的厨房里，其实蕴含了很丰富的学习机会。如何充分利用，需要您的想象力。

> 一个小小的厨房，其实蕴含了很丰富的学习机会。如何充分利用，需要您的想象力。

请回看您的观察笔记，您的记录和我们写下的内容有什么异同吗？记录下您的收获吧。

> **成长笔记**

四、孩子从家长那里可以学什么

在这一部分，我们想给您介绍一个爸爸和自己的儿子以及另外一个小朋友在中国儿童中心老牛儿童探索馆宠物医院里的一段互动。

小男孩我们起名叫小凯，小女孩叫梦梦。小凯的爸爸和小凯扮演着宠物医生，梦梦带着熊猫来宠物医院看病。在和孩子游戏的过程中，小凯的爸爸一直保持蹲下的姿势，这样他可以和两个孩子保持一样的高度来交流。

他们刚开始游戏的时候，小凯爸爸向梦梦询问熊猫的病情："它吃饭吃得好吗？"梦梦回答："不好！"小凯爸爸又问："那它尼尼拉得好吗？"梦梦回答："不好！"接着小凯爸爸赶紧说："那我给它听听吧。"说着拿起了手边的听诊器。这时小凯想拿听诊器给熊猫检查，爸爸顺便告诉小凯，要当医生得去戴帽子，穿医生的衣服。小凯走到挂医生衣服的衣架前取了衣服和帽子，爸爸帮小凯戴好帽子、穿好衣服后，请他给熊猫看看病。在小凯用听诊器给熊猫检查的时候，爸爸拿起了记录本开始假装做记录，边做记录边跟梦梦确认相关信息，建议给熊猫做一些必要的检查。等小凯用听诊器听过之后，爸爸询问小凯怎么样，他随后又把一个温度计交给梦梦，邀请梦梦给熊猫测个体温。

读过小凯爸爸和两个孩子的这一段简短互动，我们想请您回答这样几个问题：

1. 您觉得两个孩子在这个过程中学到了什么？
2. 小凯爸爸和常常妈妈在陪伴孩子玩的过程中有什么不同？

阅读笔记

您应该已经看出来，小凯的爸爸在游戏中扮演着孩子的玩伴，在用游戏中的角色和两个孩子交流。相比较而言，常常的妈妈更像是扮演着老师的角色。家长扮演的角色不同，与孩子之间采用的沟通方式就不同。在不同的沟通方式下，孩子又会有怎样不同的感受和收获呢？当家长以老师的身份参与到孩子的游戏中时，孩子在相对被动地接收家长的信息和指令，他们会选择服从指令，或者按照自己的想法进行游戏，这时孩子在游戏中的自主性并没有得到家长的鼓励，家长和孩子之间的沟通也会相对被动，孩子会感受到被询问或被指点，而不是相互之间的交流。当家长以玩伴的身份参与到孩子的游戏中时，孩子的感受有了根本的变化，这时，家长成了游戏中的角色，孩子可以按照游戏中的故事情节和家长自由交流。例如，在宠物医院里，小凯

> 当家长以玩伴的身份参与到孩子的游戏中时，孩子更容易表达自己的想法。

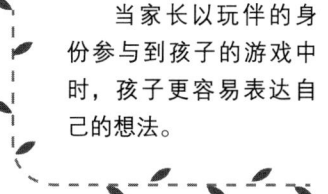

爸爸头顶戴了一顶医生的帽子，用医生的口吻问询熊猫的状况，这时梦梦的回答非常自如。在假装的游戏中，孩子处于放松的状态，他们更容易表达自己的想法，而这正是在帮助他们锻炼语言表达和沟通能力。小凯爸爸很投入地扮演着医生的角色，这也引起了小凯的兴趣，他想为熊猫做检查。这时，爸爸请他穿上医生的白大褂，戴上医生的帽子，进入了角色。小凯随后开始给熊猫检查，而小凯爸爸也没有停下来，而是拿起模拟的记录本假装记录熊猫的状况。小凯爸爸在游戏中示范着宠物医生的工作内容。他没有告诉小凯应该做什么，而是用行为示范让小凯了解到当宠物医生还需要做哪些事。小凯爸爸虽然在扮演游戏中的医生，但并没有忘记邀请梦梦加入游戏，好给孩子们创造机会去锻炼他们的社交能力。

> 您平日是如何参与孩子的角色扮演游戏的？您更像常常妈妈还是小凯爸爸？以后孩子玩角色扮演游戏时，您打算怎样参与呢？

读到这里，请您回忆自己和孩子一起游戏的时光，您可以在哪些方面有所改变呢？

成长笔记

五、家长的多重角色中哪个更重要

在这一节里,我们一起看到了家长在孩子游戏过程中所扮演的不同角色,旁观者、守护者、老师和玩伴,那么在这些角色中,哪个角色更重要呢?我们想邀请您看一段在呼和浩特市老牛儿童探索馆模拟消防局的视频,看看这位妈妈在孩子游戏的过程中都扮演了什么角色。

> **视频资料**
>
> **强强和妈妈**

请扫描文旁二维码,观看视频《强强和妈妈》。在这个短视频中,您会看到强强和妈妈在呼和浩特市老牛儿童探索馆模拟消防局展区的一段互动,我们建议您在阅读下面的内容之前观看这段视频,并在观察后回答这样几个问题:

1. 强强妈妈在游戏过程中扮演了几个不同的角色?
2. 您觉得在这个过程中哪个角色对于强强妈妈来说更重要?
3. 如果您是强强妈妈,您会怎么做?

观察笔记

视频最开始，强强妈妈假装拿了电话在报火警。强强在接报警电话，接过报警电话之后，强强跑到了消防车驾驶室里，开始开车。强强妈妈紧随其后，强强开了一会儿车之后，妈妈询问："到了吗？"强强说："到了！"妈妈扶着强强下了车，强强下车之后跑向消防车的尾部。这时强强妈妈觉得强强穿的羽绒服太热了，赶紧帮他脱下来，随后强强妈妈看到了消防员的制服，于是从衣架上取下了制服帮强强穿上，引导强强登上消防车后部的工作斗里。同时在强强上台阶时提醒他要小心，强强爬上工作斗之后，在里面假装工作，这时妈妈拿起手机给强强拍照。当强强说已经完成救火任务时，妈妈回应了一句："谢谢消防员！"

随后强强走下了工作斗，妈妈刚想引导强强去消防员滑杆那儿时，强强发现了墙上的消防栓。妈妈跟随强强到了消防栓附近，帮助强强把消防栓从墙上取下来，强强一边拿着消防栓假装灭火，一边自言自语。妈妈在一旁肯定地说："只要有地方有火的时候，就可以用消防栓。"与此同时，妈妈一只手拿着手机给强强拍照，另一只手帮强强把消防栓放回原位。放好消防栓之后，强强走到消防车的侧面想看看车侧面的按钮都可以做什么，妈妈也赶紧跟过去，看了看按钮上面的说明牌，妈妈正在看的时候，强强已经转身离开。这时，妈妈建议强强爬上楼去试试消防滑杆。强强观察了一会儿之后，爬上了楼梯。这时妈妈赶紧拿出了手机准备给强强拍照，当强强走近滑杆时，妈妈一只手拿着手机，另一只手想保护强强，担心他扶不稳滑杆摔下来。妈妈迅速给强强拍了一张照片之后把手机放回了口袋，用两只手帮助强强从滑杆上滑下来了。

强强滑下滑杆之后直奔消防车驾驶室，看到有另外一个小朋友在里面，只能站在外面等候。这时妈妈又取出手机给强强拍了一张照片。强强在拍完照之后又转到了消防车的侧面看那些按钮，妈妈拉着强强的手按了一下其中一个按钮，随后又跟强强解释了一下这是消防车的什么功能。强强听过之后，离开了消防车回到了接报警电话的地方，开始翻看报警电话旁的说明牌，妈妈也跟过来给强强解释说明牌上的内容。强强翻了几下之后就离开了,正当他想再次取下墙上的消防栓时,妈妈拉着他走出了展区,去看其他东西。

如果您还记得小武和冬雪在这个模拟消防局中的游戏,您应该已经看出了孩子和孩子一起游戏与孩子和大人一起游戏的区别。作为家长,您和孩子一起游戏时,似乎很难成为孩子纯粹的玩伴,就像强强妈妈一样,您可能会有很多责任和目的:您需要注意孩子的安全,您想给孩子留下美好的影像,您希望引导孩子学习,您还想让他玩得开心。当您把这几种角色集于一身的时候,您也会像强强妈妈一样在短短的几分钟里不停地在各种角色间切换。在假装打报警电话时,她是强强的玩伴;帮强强穿消防制服时,她是守护者;强强在消防车工作斗里忙碌时,她是一个旁观者,专注于拍照;当强强翻看报警电话旁的说明牌时,她又成了一个老师。想想看,在游戏中,当您在各种角色间切换的时候,孩子会是什么感受?会产生怎样的想法?是不是孩子也需要去适应您的不同角色?孩子无法相信您是一个游戏中的角色,因为您的很多行为并不符合游戏中的情节和规则,孩子很难和您一起投入地进行游戏,因为孩子能够感受到您自己的目的可能和他的并不相同。在这一场角色扮演游戏中,故事是零散的,没有连贯的情节,没有有创造力的脚本,只有一个好奇的孩子和一个紧随其后的妈妈。

是不是说,玩伴就是家长最重要的角色呢?当然不是。这几个角色对于家长来说都非常重要,关键在于您应当如何在不同的场合、不同的时刻扮演不同的角色。和孩子在一起时,您专注于扮演一种角色比不停地在各种角色中切换更加重要。或许,有一段时间,您只想当一个旁观者,因为您希望自己可以得到充分的休息,孩子也可以学会和其他小朋友一起游戏;或许,在一些环境中,您觉得作为守护者非常重要,因为您担心孩子的安全和健康,需要时刻关注孩子的行为;或许,在某个场合,您最适合的角色是一个老师,可以解答孩子的疑问,给孩子教授一些知识和技能;或许,在某个时刻,孩子最需要您

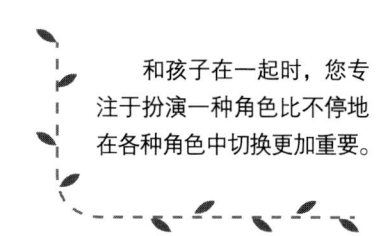

> 和孩子在一起时,您专注于扮演一种角色比不停地在各种角色中切换更加重要。

全身心地投入和他一起游戏，享受彼此陪伴的美妙。

通过阅读本节，您应该已经了解作为家长，您可以在陪伴孩子游戏的过程中帮助孩子获得更多的学习机会，锻炼他们的各种能力。也就是说，您作为玩伴这个角色对于孩子来说非常重要。通过这一节所提供的案例和分析，您可以反思自己平日和孩子在一起的言行，希望这些反思能够帮助您成为一个会玩的家长，帮助孩子学习和成长。

请在此记录下，您读过本节内容后最大的收获吧。

成长笔记

在前面两节中，我们通过儿童博物馆里的很多案例，分析了孩子在游戏中学习和锻炼的各种能力，同时，我们也一起分析了家长在孩子游戏中的不同角色。希望通过这部分的阅读，您已经戴上了一副超级眼镜，能够随时随地发现孩子在游戏中学什么。您或许可以观察到，孩子的学习其实每时每刻都在进行。也许，您还没有机会带孩子走进儿童博物馆，这没关系，请您记住，孩子身处的整个世界就是他们的博物馆。如果您通过儿童博物馆中的案例及其分析学会了如何成为孩子的玩伴，那么在家里，任何时刻，您都能够给孩子创造学习的机会。

我们在儿童博物馆中观察了大量家长和孩子互动的案例，根据这些案

101

例,我们也总结了一些陪孩子玩的小贴士,希望这些小贴士可以帮助您成为一个会玩的家长,培养能学会玩的孩子。首先需要说明,成为会玩的家长并不意味着您需要全天候陪着孩子玩,而是说您在陪孩子玩的时候建议做什么,不建议做什么。哪怕您一天只有五分钟的时间和孩子在一起玩,这些小贴士中的建议都可能让您的孩子在游戏中获益匪浅。

和孩子一起玩时的一些建议

和孩子一起玩时,建议您……	和孩子一起玩时,不建议您……
在游戏中全身心陪伴,跟随孩子游戏的节奏和选择,过程中可以思考是什么吸引了孩子,孩子想学习什么?我可以怎样拓展孩子的学习?	随意打断孩子的游戏,认为孩子只是在瞎玩浪费时间。比如:"都玩半天了,换个游戏吧。" 专注于自己的事情,敷衍孩子的需求。比如,边陪孩子玩边看手机。在游戏中指挥孩子做这做那,不顾及孩子的想法。
当孩子在游戏中遇到困难或问题时,学会用开放式的问题引导孩子进行深度思考来解决问题,比如:"你观察到了什么?你觉得是为什么?你认为可以怎么做?"	直接帮孩子解决问题或者告诉孩子该怎么解决问题。比如:"我来告诉你怎么办。"
允许孩子在游戏中犯错误,通过错误来学习和获取经验,当孩子犯错误时,可以用问题引导孩子思考,比如:"你是怎么想的?你为什么这么想?有什么其他方法吗?"	直接指出和纠正孩子的错误。比如:"你这不对,应该这样!"
对孩子游戏中提出的新奇想法表示好奇,用问题拓展孩子的思维,比如:"你怎么会有这个想法?如果按照你的想法,接下来会发生什么事呢?"	根据自己的经验直接否定孩子的想法。比如:"这怎么可能!你真是啥也不懂!"

第三节
家长为孩子早期学习赋能

本节作者：蒋黛兰　高杨

时机就是一切。

——［美］丹尼尔·平克

上文讲到了家长陪伴孩子时候的几种角色，相信大家都对自己家长的身份有了新的思考。这一节具体来探讨一下，在儿童博物馆及日常生活中，家长陪伴孩子的两种主要的方式：解释和引导探索。

小测试1

今天是周末，您带孩子去中国儿童中心老牛儿童探索馆玩。您为此提前做了充分的准备，以让孩子能够更好地利用这次机会学习。那么，孩子现在想去地震模型区域玩耍，一直问您："那是什么呀？我要怎么玩啊？"

请问，您会在什么时候给孩子解释这些问题呢？

A. 您马上给孩子解释地震区域是什么，他可以玩什么和背后的科学知识

B. 您先鼓励孩子玩，然后在他探索过程中给他解释

C. 您先鼓励孩子玩，然后在他探索结束以后，做出相应的解释

关于这个问题的分析就在本小节的内容里，让我们继续往下读吧。

一、儿童的学习机会之一——成人与儿童的对话

中国的家长们应该都很熟悉"身教甚于言传"这句老话，这会给家长一种错觉，就是"少说话，多做就行"。但科学家们发现，父母语言的力量和父母示范的力量其实是一样强大的。进一步的问题可能是，想和孩子进行高质量的聊天对话，父母可以和孩子聊什么呢？

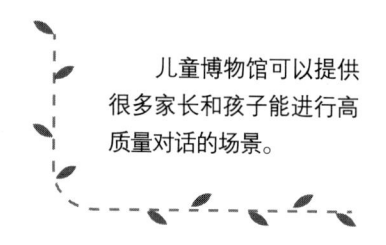

> 儿童博物馆可以提供很多家长和孩子能进行高质量对话的场景。

一个很好的选择是：试试和孩子一起去儿童博物馆进行对话吧！

（一）儿童博物馆里关于科学的亲子对话

儿童博物馆是父母和孩子能够进行很好的关于科学的亲子对话的地方。这是因为在儿童博物馆里，本身就已经提供了大量丰富的可供父母和儿童进行充分对话的环境。

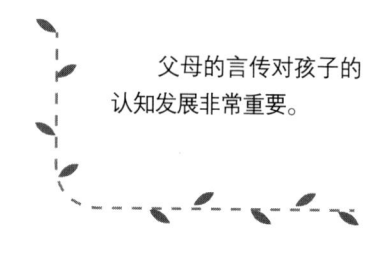

> 父母的言传对孩子的认知发展非常重要。

一项由美国加州大学圣克鲁兹分校和斯坦福大学进行的研究发现，3~11岁的儿童在参观儿童博物馆中的猛犸象化石的时候，他们的父母同

他们进行的相关解释对话形式,和他们在参观时候的投入程度是密切相关的。[1]

值得重视的是,儿童博物馆之所以对儿童如此重要,是因为儿童的因果推理能力的发展并不能在日常的生活环境中得到充分的满足,所以特别需要这些专注于STEM的儿童博物馆来作为儿童的重要学习场景,以弥补自然社会环境中的不足。譬如在儿童博物馆中,会专门有给孩子演示地震模型的区域,在这个区域里,孩子能够观察不同的房屋建筑模型玩具在面对不同的地震震级时候的抗震情况,从而对于地震有了更全面和直观的认识。这样的经验知识在孩子的实际日常生活中或者通过读书等方式,都是很难直接获取的。

在这项最新的研究中,当家长和孩子在参观猛犸象化石的时候,如果家长更多地在对话中使用证据和联系经验的时候,孩子学习投入程度(谈论猛犸象相关概念的程度)更高。令人意外的是,如果家长更多地直接进行解释的时候,孩子的学习投入程度却更低。

> 父母与孩子对话时,可以充分联系生活经验。

这个研究给家长们最大的启示是,如果您想让孩子在参观儿童博物馆的时候,自己能够更好地帮助他,您可以更多地使用"我知道这是猛犸象,因为它有独特的象牙""你是怎么得到这个结论的呢"这样现场证据的对话;或者"它的腿是你的腿的两倍粗呢""我记得我们以前也见过这样的牙齿"这样联系实际经验的对话。尽量避免使用"它的牙齿长,一看就是咀嚼了很多东西"这样直接的闭合的结论性解释对话。

比如当孩子在探索地震区域的时候,我们可以问:"为什么你觉得这个矮的房子会比那个高的楼坚持得更久呢?""你觉得我们家的房子和外婆家的

---

[1] Maureen, A., Callanan, Claudia, L., & Castaneda, et al. (2017). Family science talk in museums: predicting children's engagement from variations in talk and activity. *Child Development*, 88 (5), pp. 1492-1504.

房子，哪个在地震中更不容易倒呢？"而不是直接讲："我给你说，房子的抗震能力跟它的高矮和结构等都有关系。"（如图2-3-1至图2-3-2）

图2-3-1　儿童在地震区域搭建自己的建筑物

图2-3-2　儿童启动地震装置测试自己的建筑物抗震能力

（二）良好的亲子对话就像打乒乓球

我[1]曾经在2019年到达北欧的丹麦比隆，参加由某玩具商组织的一个创意会议。在会议上，来自哈佛大学儿童发展中心的杰克·肖恩科夫教授一段关于育儿的发言给我留下了深刻的印象。我想把当时的笔记分享给您。

"育儿不是一条单行道。你不能只是给予和指导孩子，期望他听话、跟随你。相反，成功的育儿之道会考虑到孩子的反应。杰克·肖恩科夫对大脑发育进行了大量研究，他将这种养育方式比作网球比赛，称其为'发球和接球'。在网球（或乒乓球和羽毛球）比赛中，为了让比赛顺利进行，你不

---

[1] 这里指本节作者蒋黛兰。

能简单地发球，你还必须接住对手发来的球。同样，那些既主动照料又及时反馈孩子的父母，最有可能与孩子建立健康、平衡的关系。杰克·肖恩科夫的研究还表明，这些父母养育的孩子在大脑中建立了更多的神经连接——这有可能转化为更好的综合认知能力。这是为什么呢？人类不是被动的学习者，孩子在主动学习时学得更好。作为父母，如果您只是一味'发球'，会让您的孩子只能通过接收指令来被动地学习；而当您'接球'时，孩子便能主动塑造自己的发展。"

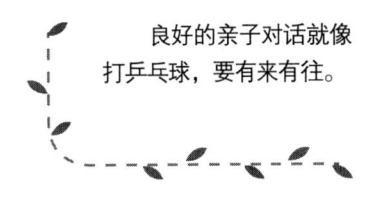

> 良好的亲子对话就像打乒乓球，要有来有往。

同理，在博物馆里的亲子对话也可以借用这个"打乒乓球"的比喻，比如在博物馆的地震区域，当孩子开始兴奋地跟你分享自己的探索成果的时候，可以先不用急着夸奖"你真棒啊！"，而是慢一点，先可以问问孩子"你觉得这里最有意思的部分是什么呢？"这样就能通过反问问题顺利把"乒乓球打回去"，从而产生一段令人惊喜的"乒乓球式的对话"。

（三）对话的时机很重要

在亲子对话中，还有一个问题可能是往往容易被忽略的，那就是对话的"时机"问题。让我们回到这一节开篇的问题，在儿童博物馆里，如果孩子来到地震的区域，一上来就问你"妈妈这些是什么，怎么玩的呀？"，而你为此次博物馆之行已经准备充分了，完全知道这个区域里面的所有科学原理和玄机，请问什么时候给孩子进行解释呢？

在孩子探索之前，探索的过程中，还是探索之后呢？

答案是，等一等。

确实有科学家研究了这个问题。同样是在美国圣克鲁兹儿童探索博物馆里，有一项关于父母什么时候进行解释的研究。这项研究是针对博物馆当中的

> 请等待孩子充分探索以后，再给解释。

机械区域的，在这个区域内，孩子有机会去探索齿轮的作用和工作原理，并进一步利用齿轮去解决问题。而研究人员发现，来到这里的父母，大多数喜欢一上来就给孩子解释一通关于齿轮的知识，然后再让孩子进行探索。但这样真的是对孩子的学习最好的方式吗？

研究发现，事先解释的效果可能并不尽如人意，最好的时机是在儿童已经进行充分探索以后，家长在最后才进行解释。对比探索前和探索后进行解释，探索后再解释的话，孩子学得最好。所以，如果孩子来到新的区域却表示不明白的时候，您不妨先鼓励探索，然后在探索结束以后，您再一一对孩子的为什么进行解释。

比如前文关于地震区域的问题，无论孩子是否一上来就开始问你问题，您都可以拿起其中的一块材料递给孩子，鼓励他"你试试看这个呢"，让他进行充分的探索。在过程中不用过多打扰孩子，而是等到孩子充分探索结束以后，解释他的问题，甚至对孩子问一些问题，比如，"你刚刚玩的时候有没有发现什么有意思的事情啊？"

> 您在家里或者外出时，都会和孩子聊些什么呢？您觉得平时的对话更多是由孩子还是成人主导的呢？

二、儿童的学习机会之二——儿童在成人的引导下玩耍

在儿童博物馆中，成人和孩子的互动除了对话之外，还有很重要的是引导玩耍。

之前的章节提到，父母同孩子在一起的时候，有一种角色是"玩伴"。以往的研究中会发现，玩伴这个角色对于孩子的发展非常重要，同时也需要家长有意识地学习如何成为孩子的玩伴。

（一）儿童博物馆里引导玩耍的重要性

在儿童博物馆里进行游戏式的互动引导玩耍，能够有效地引导孩子进行自发关注，并对他在其他环境中的学习产生正面的影响。

2018年哥伦比亚大学、匹兹堡大学和巴纳德大学合作的一项关于博物馆中儿童与成人互动的研究发现，对于学龄前儿童来讲，在博物馆中的超市场景中，那些父母会有意识地使用数字跟他们进行玩耍的孩子，比那些父母没有使用数字玩耍的孩子，更喜欢自发地关注数据，同时这也会增强孩子在未来和其他环境中，对数字信息的自发关注。

> 父母使用数字语言进行引导玩耍会提高孩子对于数字的自发关注。

这项研究是在模拟超市中进行的，在家长进入超市时，工作人员会告知家长"孩子的早期数学思维很重要"，同时邀请家长帮助孩子完成一项只有20元预算的采买任务。结果发现，即使引导玩耍只有5分钟，孩子们"自发关注数字"的能力在5分钟以后也得到了显著提高。除了这样的引导玩耍提高了孩子环境中的数字披露频率以外，另一个可能的原因是，这样的引导玩耍也增加了家长对于活动的兴趣和投入程度，从而和孩子之间形成了良好的互动合作的玩伴关系。这样的自发注意数字的能力非常重要，对于儿童后期的数学学业成绩有很强的预测作用。所以，家长在儿童博物馆环境中，使用引导玩耍的游戏方式，可以有效帮助孩子在后期更好地完成其他学习。[1]

当然，虽然这项研究是关于数学的，但您与孩子在儿童博物馆时，不仅可以通过数学进行引导玩耍，您还可以在水和风的区域进行物理的引导玩耍，在人体或者医生的区域进行生物的引导玩耍，在运动的区域进行颜色和形状的引导玩耍。（如图2-3-3至图2-3-5）

---

[1] Braham, E. J., Libertus, M. E., & McCrink, K. (2018). Children's spontaneous focus on number before and after guided parent-child interactions in a children's museum. *Developmental Psychology*, 54(8), 1492.

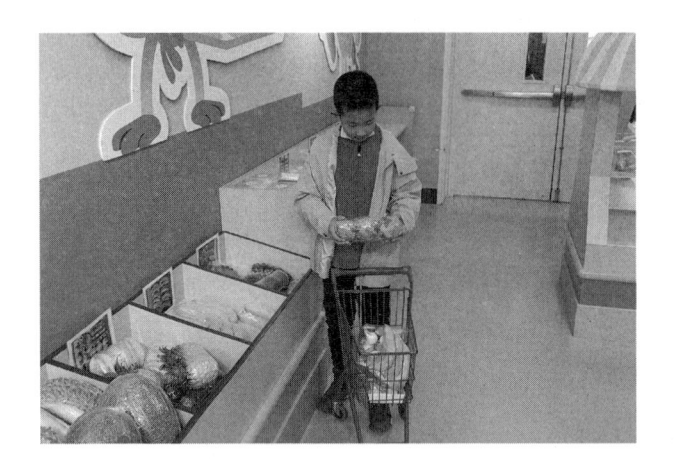

>>> **解密儿童博物馆，**激发孩子学习潜能

图2-3-3 儿童在模拟超市购物

图2-3-4 儿童在模拟自助取款机取钱

图2-3-5 儿童在模拟超市结账

110

（二）引导玩耍和指导学习

在关于儿童如何学习的研究中，引导玩耍和指导学习是经常被混淆的两个概念。此两者带来的学习效果会有一定的差别，我们在这里更鼓励的是前者：引导玩耍。在这里，我们以儿童博物馆的地震区域为例，告诉大家一个区分的重要方法。[1]

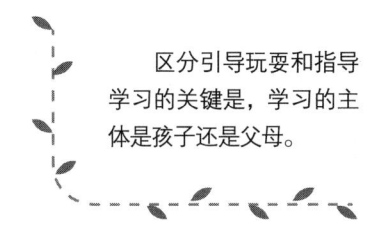

> 区分引导玩耍和指导学习的关键是，学习的主体是孩子还是父母。

类型	引导玩耍	指导学习
家长方式	和孩子一起玩"谁会在地震中坚持到最后"的游戏，鼓励孩子去尝试每个建筑模型在不同的震级中的反应情况。	直接告诉孩子："你看，这个高的建筑比矮的建筑更容易被摧毁。你试试。"
儿童角色	孩子是通过主动探索进行学习，是自己的主导者。	孩子是被家长教授的学习，是被动的接收者。

总之，家长在引导孩子玩耍过程中，最重要的是充分保证孩子是学习的主导者，使孩子拥有充分的探索自主权；一开始可以是家长设计发起的，也可以是孩子自主发起的，但是在过程中，一定是家长让位于孩子的。

> 假设现在您一家人在餐厅等餐，因为人多所以上菜很慢。您觉得在等待的时间里，可以利用餐厅的哪些东西，让孩子进行玩耍呢？又要如何引导他呢？

---

1 Weisberg, D. S., Hirsh-Pasek, K., Golinkoff, R. M., Kittredge, A. K., & Klahr, D. (2016). Guided play: principles and practices. *Current Directions in Psychological Science*, 25（3）, pp. 177-182.

三、成人进行对话和引导的最终建议

相信读完上面的内容,您对于如何在儿童博物馆进行与孩子的对话和引导玩耍,已经有了些许认识,最后还有两点非常重要的原则想要分享给您。

(一)平衡性原则

家长的对话和引导不是越多越好。虽然科学研究发现在儿童博物馆里和孩子进行游戏式的互动引导玩耍是有利于孩子的认知发展的,但是务必要讲求平衡和适度。

什么平衡呢?孩子的自主探索和家长参与之间的平衡。家长永远不要忘记的是,孩子自己才是学习的主体,家长要充分允许孩子进行自主探索。而无论

> 父母的干预不是越多越好。

是对话还是引导,都是成人在孩子充分自主探索以后的帮助手段,而绝对不能成为学习的主要部分,甚至打扰到孩子的自主探索。

(二)适应性原则

本节分享的对话和引导玩耍这两个重要工具,主要是围绕家长陪伴儿童在儿童博物馆中活动的场景介绍的。但您完全可以把这两个工具,使用到任何您认为适合的地方。

比如,平时同孩子一起外出旅游的时候,我们就可以使用"乒乓球式的对话"。在面对孩子提出的"我们还有多久才到目的地"的问题时,回问"上次我们去西安是2小时,这次去的地方的距离是去西安的3倍,你算一下我们这次需要多长时间呀?"

再如,一家人在餐厅等餐的时候,孩子可能会比较无聊,这个时候就可

以使用"引导玩耍"。我们可以选择利用桌上的不同杯子和水,和孩子一起模拟玩一个"猜猜这杯水可以借给谁"的游戏,从而玩一个不同杯子之间比较大小的游戏。

只要充分考虑了以上两个原则,您完全可以充分借用"对话"和"引导玩耍"这两种亲子互动的方式,来和孩子进行充分互动,和孩子共同成长。

还记得本节开始那个小测试吗?我们建议您选择C的做法。关于时机的研究发现,在允许孩子进行充分的探索以后,再给予他适当的解释,学习效果是相对更好的。如果一开始就给孩子解释充分,这会使孩子缺少进一步探索的兴趣。如果在孩子探索的时候进行解释,他的注意力可能全在探索上,从而忽略了家长的信息。

读完这一节,我们想请您写下自己的收获。你对于"身教胜于言教"这句话是否有了新的认识呢?您认为时机的运用是否可以拓展到儿童博物馆以外的地方呢?

成长笔记

原图相册

>>> 想观看本章中图片的彩色原图,请扫描文旁二维码。

第三章
把儿童博物馆带回家

章前导读 >>>

　　通过阅读前两章，相信您一定对孩子的游戏有了新的认识和理解，并且越来越清晰地看见学习在儿童博物馆里的发生。可事实上，学习并不只是发生在固定的时间或地点，尤其对于孩子来说，学习随时随地都可能发生，比如，与孩子一起坐车的时候、洗澡的时候、聊天的时候……如何才能抓住日常生活中这些唾手可得却转瞬即逝的学习机会呢？这一章，我们会通过家长和孩子在点滴生活中的互动案例来启迪您发现和利用平日里无处不在的教育机会，同时，也会分享一些好玩的亲子探索活动，供您和孩子一起游戏。

第一节
处处留心皆教育

本节作者[1]：马乐　韦青改

我们相信只有亲身体验后受到的教育，才是真正的教育。

——［美］杜威

生活就是一个大课堂，教育随时随地都在发生，可以是积极的，也会有负面的。家长不仅扮演着这个课堂中的教育者，也随时可能被教育着。拥有一双能发现的眼睛，尝试站在孩子的视角去看待他们的世界，倾听他们的心声，了解他们的想法，参与他们的游戏，成为他们的玩伴，关注他们的兴趣点，跟着他们的节奏和方式进入他们的游戏中，慢慢地，你就会发现，生活与教育密不可分，与孩子相处的每个瞬间都会成为一次难得的教育机会。

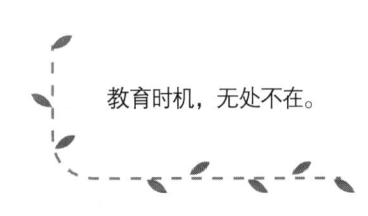

> 教育时机，无处不在。

1　本节作者：马乐和韦青改为北京中博儿童探索教育研究中心资深教师。

一、观察孩子的游戏，理解他们的世界

我们知道，每个孩子都是优秀的观察者，儿童博物馆教育提倡孩子在观察中思考。但对于大部分家长而言，由于自身成长中的各种原因或经历，忽视了观察的重要性，很少关注或留意孩子在游戏过程中说了什么、做了什么、关注什么，也错失很多孩子成长中学习的好时机。其实生活中，孩子们会将自己想说想做的通过游戏的方式表现出来，只要我们善于观察他们的兴趣导向及游戏方式，便能找到深入了解他们并支持他们学习的教育素材。

5岁的嘟嘟（哥哥）和4岁的金豆（妹妹）在家中玩过家家游戏。金豆往自己上衣里塞了一个毛绒小熊说："我肚子里有个宝宝，他快要出生了。"嘟嘟跑过去赶紧扶着她说："那我们得去医院了，我去开车，你等等我。"不一会儿，只见两人骑上拉杆箱到了卧室，然后金豆躺在床上说道："宝宝要出生了，大夫，快来帮我看看。"嘟嘟跑过来说："我来帮你了。"这时，金豆把肚子里的"宝宝"掏了出来，两人小心翼翼地把宝宝抱在怀里。然后，金豆抱着毛绒小熊一边摇晃一边说"宝宝乖，赶紧睡觉"，转身向哥哥喊道："老公，宝宝尿裤子了，快给我拿个尿不湿。"只见嘟嘟立马转换角色，在床上顺手拿了一块枕巾递给金豆说："宝宝可能饿了，你先给他换尿布，我去给他冲奶。"说完就去玩具柜里翻了起来，再看看金豆，她将宝宝轻轻地放在床上，把枕巾包在"宝宝"屁股上，嘴里还嘟囔着"宝宝别哭了，妈妈给你换好尿不湿了"。这时，嘟嘟也跑过来拿了一个小瓶子说："奶好了，快给宝宝吃吧！"两人开心地笑了起来。（如图3-1-1）不一会儿，金豆又一次把小熊塞到肚子里，开始了又一轮生宝宝的游戏。

看着他们玩得兴致勃勃，我翻出了自己从怀孕到生完宝宝之后的照片给他们看。两个孩子兴奋得不得了，一边看一边问："我在你肚子里是怎么动的？""你是怎么把我生出来的？""我出来后会说话吗……"于

图3-1-1　哥哥与妹妹照顾宝宝

是我把怀宝宝到生宝宝再到如何照顾宝宝的事情讲给他们听，他们听得津津有味。

在第二章中我们提到"过家家"游戏对孩子成长的重要性，通过讲述照片，孩子将游戏与自己紧密地联系起来，了解过去发生的事情。相信在不同的时间、不同的地点，孩子们都上演着这样那样的故事情节。

读完上面的小故事后，请您闭上眼睛回忆，头脑中是否出现了孩子在不同情况下的游戏场景，也许这样的角色扮演是和家长一起进行的，也许是孩子自演自说的。请想一想，孩子们通过这个游戏会获得什么？孩子的游戏能给家长传递哪些领域的学习信息？

成长笔记

儿童博物馆希望提供给孩子一个安全、自由的环境来探索，而"家"对孩子来说也是一个非常放松、开放的环境，他们会毫无顾忌地将自己一切的喜好或生活中的日常行为展现出来。如果认真观察案例中两个孩子的游戏内容，我们不仅能从他们身上看到成人的影子，还能反思生活中我们如何通过自己的行为来影响孩子的成长。通过观察，我们会发现嘟嘟和金豆对自己的出生、被看护充满好奇和兴趣，并在家中尝试用角色扮演的方式不断重复进行游戏，这便是一个非常好的关于生命话题的教育机会。

读过上面这段生活游戏案例，请您想一想，您在日常生活中可以通过哪些途径帮助孩子了解生命的诞生以及身体的奥秘？您有哪些与孩子有关的"物件"可以帮助孩子更好地理解学习内容？

成长笔记

二、过程比结果更重要，成为孩子的学习伙伴

因为环境文化的不同，"结果"对于多数家长来说就是衡量孩子的标准，于是家长们不惜代价去达成他们要的结果。儿童博物馆这个场所支持孩子做自己想做的事情，所有的结果都是开放的，儿童博物馆

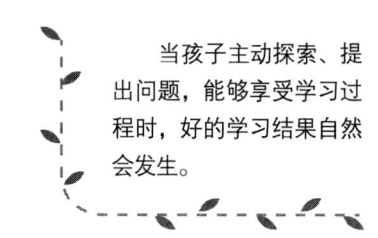

> 当孩子主动探索、提出问题，能够享受学习过程时，好的学习结果自然会发生。

更注重孩子们探索的过程，孩子在探索的过程中会产生很多问题，这些问题将成为他们深入学习的契机。

船的沉浮

近期我刚和孩子去了航母公园，他感叹科技太发达了，人们是如何建造出如此大的船的？同时，他产生了很多问题，例如，船这么大，为什么不会下沉？是否有过沉船的案例？什么情况下，船会下沉？我随口和他分享了关于泰坦尼克号沉船事件，他听后越加兴奋，不断地问：泰坦尼克号到底有多大？它是怎么撞到冰山的？沉船后是被谁发现的？有活下来的人吗……

说实话，我也不是很了解泰坦尼克号的真实事件。我们一起上网查找到了有关泰坦尼克号的书籍、资料，还买了相关的绘本，一起讨论并分析事件中的沉船因素。这段时间里，他为之着迷。他说："妈妈，这个船实在太可惜了，如果是我，肯定不会让这样的事情发生。"我惊讶地看着他说："这个想法非常好，可做一艘船不是件容易的事！"他却坚信自己会成功。于是我们找来了家里仅有的材料——胶枪、锡箔纸、塑料袋、卡纸，目标是做一艘能乘坐10只玩具小青蛙并且不会下沉的船（如图3-1-2）。

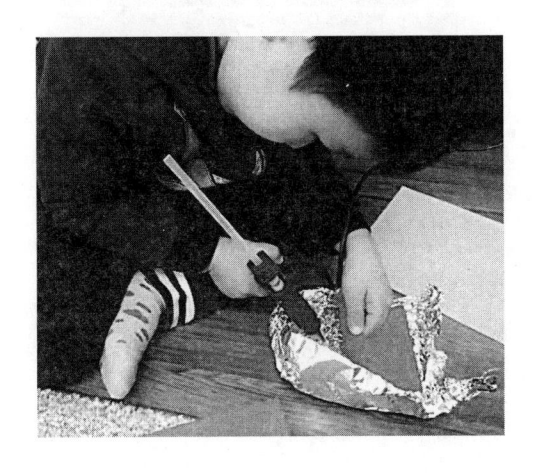

图3-1-2 自制小船

对于6岁的他来说，制作过程比他想象的要难得多，花了一个多小时才完成了他心目中的船。实验开始后，他将青蛙一只一只地放进船里，放到第6只的时候发现船舱开始进水，直到整个船和青蛙都沉入水中，这次实验失败（如图3-1-3、图3-1-4）。我问他通过实验想到了什么？他说："我有几个失败的原因：第一，因为船粘得不够牢固，所以漏水了。第二，我发现纸容易吸水，下次不能用这个材料了，要多准备一些别的材料。第三，要做泰坦尼克号这样一艘船实在太难了，我想得太简单了。"

虽然实验失败了，但我们找到了更多不同材质的材料去进行沉浮实验，如硬币、夹子、吸管、瓶盖、海绵、纸、红酒瓶塞……什么物品会浮于水面？什么物品下沉于水面？这与物品的哪方面特点有关？他发现材质不同，物品的受力面不同都会影响船在水面的漂浮。在这个基础上我们再次挑战了沉船实验。这次用的吸管，他做了像竹筏一样的船，终于在能乘坐10只青蛙的同时还能漂浮在水面上。他说："我觉得失败也挺好，不然我成功不了。"

后期我们还研究了泰坦尼克号的构造，分析了沉船的因素、船体构

图3-1-3　青蛙乘船实验　　　　图3-1-4　船舱进水

造因素及环境因素。这段共同学习的过程让我记忆尤深，也让我与他有了更多的共同话题。

从案例中可以看到，家长与孩子非常享受一起学习的快乐，并且站在孩子的角度与他一起探讨和分享学习的过程。但在现实生活中，多数家长要么让孩子自己去想办法解决；要么给孩子讲述"知识"，让孩子快速掌握内容；要么直接跳过孩子感兴趣的内容，换一个新的学习模块让他们去尝试体验；殊不知这样的学习更多是表浅的内容，忽略了从点到面的深入学习体验。

> 读完"船的沉浮"这则小故事，请您想一想，在与孩子相处学习的过程中，您最看重孩子哪方面的成长？在参与孩子的学习中，您是怎么做的？

如果能参与孩子的学习，与孩子一起去寻找答案，听孩子说那些知道的与想知道的学习内容，分享并总结学习过程中的收获与经验是一件多么幸福的事情。试着记录一段您与孩子共同学习的成功或失败的经历吧。

成长笔记

三、提出问题，在好奇中寻找答案

儿童博物馆的展项旁都会张贴一些指导建议及引发孩子思考的问题，鼓励孩子在探索过程中带着问题去体验，提示家长可以从哪些方面给予孩子指导。在家庭生活中，我们也能通过观察孩子的游戏方式来了解学习过程，并从孩子提出的问题中找到孩子的学习兴趣，利用家庭中的一切资源"玩"出智慧，获得"知识"。

斜坡的故事

跳跳6岁了，喜欢玩各种滑梯，尤其是坡度长且带波浪的滑梯，每次玩过后都会激动地问我，他是以多快的速度滑下来的？波浪滑梯和直滑梯哪个更快？有关在坡道上的速度一直是他感兴趣的内容。我决定让他先去探索一下不同的坡道，回到家后，我告诉他家里的一切都可以成为坡道，小球来扮演你滑滑梯的角色，你看看哪个坡道能滑得快？哪个能滑得慢？一听家可以任意"造"，他兴奋得不得了，立马开始各种"探索"，沙发垫子立起来（如图3-1-5、图3-1-6），纸板也搭到了茶几上，桌子上还架起了书本，学习桌也调整了倾斜角度……接着，他拿着小球和计时器开始了各种斜坡实验。随着实验的次数增加，他发现自己记不住那么多数据，然后自己拿来了本和笔把一个个数据记录下来。激动地跑到我身边跟我说："妈妈，我发现小球在沙发上滚的速度没有纸板快，终于知道我为什么滑直线大滑梯比波浪滑梯快了。"他总结说："因为滑梯坡度越大速度越快，坡度越小速度越慢，纸板上滚的速度比沙发垫要快，因为沙发垫太软，还有摩擦。"说完得意地看着我。我接着问，那要是沙发坡度比纸板更大呢？他挠挠头说："也许沙发会快一些吧。"说完又开始实验。他发现小球滚落的速度和材质、倾斜角度、坡的长度都有关系……

图3-1-5 斜坡实验-1

图3-1-6 斜坡实验-2

通过上面的案例我们发现，孩子会在日常生活或游戏中发现很多想知道的内容，并产生很多疑问。那么，我们需要思考如何利用家庭环境来让孩子探索，他们在探索过程中依然会遇到很多难题，有些是自己能解决的，有些是需要家长引导的，但试错是他们解决问题的有效方法。儿童博物馆中有众多"坡道"展项，从速度、重力、坡道的角度、坡道的材质及不同小球的种类等方面去协助孩子了解生活中的科学。

事实上，每个孩子都是科学家，他们不断地提出各种各样的问题，他们

> 真正的科学启蒙是去经历相对严谨的逻辑思考训练，反复观察、预测、实验、思考、提问和验证等。

对生活中的一些现象充满好奇，他们想知道电是怎么送到家里的，家里的管道都藏在哪里，工人叔叔是如何盖房子的……很多问题我们都可以通过反问或者开放式提问的方式来做回应，让孩子尝试自己去寻找答案。

读到这里，您脑海里一定有各种各样孩子提问的画面，请记录下孩子提过的问题，想一想这些问题我们可以利用家庭中哪些资源来满足孩子探索寻找答案的愿望？

> 成长
> 笔记

四、营造故事氛围，解决孩子说"不"的问题

孩子的成长需要童话，儿童博物馆就是孩子的童话世界，在那里孩子可以扮演自己想成为的角色，如医生、警察、建筑师、消防员、科学家、演员等。孩子还能按照自己的想法去实现这个"童话"中的梦想。而家庭是孩子成长的第一个环境，也是孩子感到最安全的地方安全的地方。家长应抓住生活中的点滴小事，采用讨论、创设童话情境、故事演绎、游戏及情境模拟等方式潜移默化地实施环境教育。我们会发现孩子生活中的很多"问题"都可以不是问题。

我不想刷牙

嘟嘟4岁了，刷牙对他来说是一件痛苦不堪的事，每当我让他去刷牙时，他都会噘着嘴很不乐意地说："等一会儿，等一会儿，哎呀，我现在不想刷，再等等嘛！"当然我也想过一些办法，例如，和他一起读相关的绘本，或者和他一起谈关于牙齿护理的内容，可是发现效果不是很明显，道理他都明白，实践起来却非常困难。

一天晚上，他自己反反复复玩变魔术的游戏，他把自己藏起来，然后趁我不注意又突然出现，玩得开心极了。我当时想，如果把这个变魔术用到刷牙的事情上面，会不会有效果？等到了睡觉的时间，我故意表现出很期待的表情，对他说："只有超级厉害的魔法师才能在牙齿上刷出泡沫，把牙齿变得又白又亮。我们家就有个小魔法师，每天都在给牙齿变魔术。"我偷偷看了看他，他偷笑说："我就是那个魔法师。"我故意站在卫生间门口说："魔法师能不能演示你是如何变魔术刷牙的？"话音刚落，他就跑到卫生间拿起了牙刷，赶紧开始挤牙膏，刷完牙后得意地露出牙齿说："看我的魔法多厉害，牙齿变得多白。"

同样的游戏我用过好多次，发现他百玩不厌，他非常喜欢被崇拜的感觉，内心充满了成就感。

不想打针

2岁的果果到了接种疫苗的时间。每次看到接种疫苗的孩子们哭得上气不接下气时我就开始犯怵。于是我这次想提前和他做个铺垫，没想到效果出奇好。

我们在家准备好了玩具小药箱。我扮演医生的样子给他手臂消毒、打针、按压，按照这个步骤果果像模像样地给我消毒，我假装很害怕，但又很坚定地告诉他："可能有一点点疼，不过我不害怕，你打吧！"果

果小心翼翼地用小针筒给我打了一针,又让我按压住,我开心地说:"谢谢果果小医生,这下我更健康了。"他看我很轻松的样子说:"我也要打针,我也要打针。"就这样他爱上了这个游戏,天天吵着和姐姐一起玩打针游戏(如图3-1-7),一看到家里有人生病了,就拿出自己的小药箱,像模像样地开始给病人治疗。

图3-1-7 给妈妈打针治疗

事后,我们一起去社区医院,他兴奋地说:"打针喽,打针喽!"看到大夫后他淡定地递过胳膊,一声没哼就完成了这次疫苗接种,大夫夸他是勇敢的小宝贝。

把孩子不想做的事情变成故事,让孩子换个身份上演故事中的角色,通过让自己在童话故事中转换身份理解事件,那么就很容易接受不想做的事情了。我们可以试着像在儿童博物馆里一样,在家中设置孩子的一席之地,使之成为孩子的展区。哪怕是厨房的一个角落,让孩子参与厨师的角色与家长一起做饭;卧室的一个角落成为孩子的个人悄悄话的空间;沙发垫子变成孩子的"搭建"工具;在卫生间探索有关水的奥秘。有了场景后,故事会自然而然地发生,或许我们能从中找到很多解决孩子说"不"的好主意。

读完上面的故事,您是否多了一些解决孩子说"不"的思路?请记录下您与孩子利用故事/场景解决的一个问题,并与他人分享。

成长
笔记

五、跟随孩子的节奏，找到亲子间的共同话题

在博物馆中，经常有些家长拉着孩子在展项中来回游走，不时还能听到："怎么就在这一个地方玩，走走走，去别的地方看看。"结果孩子被硬生生地拉走。相反，也能看到很多家长跟随孩子的节奏，尊重孩子的选择，在适当的时候与孩子一起讨论、互动，慢慢地发现孩子对任何微小的事物都有浓厚的兴趣。每个孩子在家庭中长大，他们与成人的兴趣多少会有些交集，当孩子专注于某事的时候，请不要带着他一晃而过，不论是在博物馆，还是在家庭中，也许某一个小的点，会成为孩子畅聊的通道。

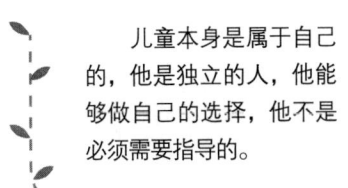

> 儿童本身是属于自己的，他是独立的人，他能够做自己的选择，他不是必须需要指导的。

请不要打断孩子的游戏

每个孩子都很清楚自己要做什么，他们会向着自己所喜欢或者向往的目标不断反复尝试、自由探索，但生活中很多家长其实并不知道孩子想干什么，一味地要求孩子按照自己的想法去做，我们发现这样一来效果适得其反，并不理想。

记得一次傍晚，我带孩子在小区和几个小伙伴玩，几个小伙伴都在地上玩抓土的游戏。就在这个时候，一个妈妈走到了男孩面前，一边拉起他的手一边说："你看看，今天刚换的衣服又弄得脏兮兮的，快回家。"男孩甩开了妈妈的手说："我还没玩够呢！"妈妈皱起眉头上前直接抱起了他，突然男孩大哭起来，从妈妈身上使劲挣脱下来，边哭嘴里还嘟囔着："我的房子还没盖好呢！"妈妈再次拉起孩子一边拍他身上的土，一边说："盖什么房子，回家咱们用积木盖。"之后只听到哭声越来越远！

很明显孩子的游戏被终止了，更残忍的是家长根本没有意识到自己打断了孩子的游戏，同时根本听不进去孩子说什么，哪怕等待孩子一小会儿，也能让孩子有心理预期。事实上想让孩子离开可以有更好的办法，也许我们跟随孩子游戏的节奏，参与孩子的游戏中时，你就能轻松地让他乖乖回家！

回家后，我不断反思，如果那位妈妈能把"你看看，今天刚换的衣服又弄得脏兮兮的，快回家。"这句话换成"哇，我看到一个小建筑师正在努力地把土抓到另外一个土堆，而且衣服上到处都是'水泥'，看来晚上回家得好好换件衣服洗个澡了。"提前给孩子一个要"回家"的预示，那么他接受起来会更快一些。

也可以把这位妈妈说的"盖什么房子，回家咱们用积木盖"换成"妈妈看到你已经把地基打好了，这样我们回家就可以用积木把房子盖起来啦，这一定是一件非常酷的事情"。这样认可孩子的游戏，在跟随他节奏的同时，用合适的方法描述、沟通、引导，相信每个孩子都会成为"懂事"的孩子。

试想一下，您是否有过这样的行为呢？在儿童博物馆中，我们经常能看到有些家长要么推着孩子去玩自己觉得很有意思的展项，要么不停地"指导"孩子如何游戏，要么认为孩子来一次应该玩遍所有展项……一次次地打断孩子的游戏，亲子间的模式就变成了：你不理解我、我不想听你的！不管在儿童博物馆，还是在家庭中，希望作为家长的我们尽可能试着把自己变成孩子，以他们的视角去看待他们的游戏方式，把每次自己的愤怒能转化为一次与孩子有趣的游戏互动，相信每个孩子都会爱上你这个靠谱的游戏伙伴。

小猪一家总动员

朵朵3岁半了，最近迷恋小猪佩奇动画片，趁着她有兴趣，我们晚上一起制作了小猪佩奇一家的剪影，我负责画，她负责涂色和制作，很快我们就完成了作品（如图3-1-8）。因为之前玩过光影游戏，她兴奋地跑到卧室拿起手电筒递给我，拿起小猪佩奇一家的剪影，我们开始简单的对话（如图3-1-9）。

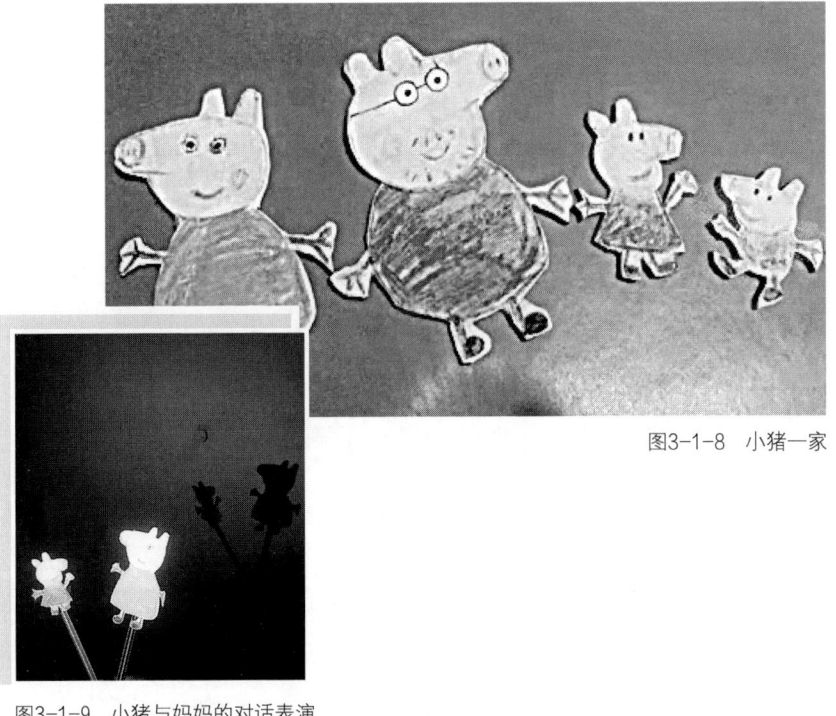

图3-1-8　小猪一家

图3-1-9　小猪与妈妈的对话表演

"猪妈妈，今天我们去哪里玩呢？"她对着影子一边表演一边说道。

我说："让猪爸爸带我们去郊外野餐吧！"

"哇，这实在太好了，那我们就出发吧……"

她不断地模仿动画中的情景，我负责呼应她的场景，扮演其中的几个角色。这样的对话逗得她咯咯咯地乐个不停，接下来她拿着小猪道具开始了我意想不到的场景：

"妈妈，现在他们不是小猪佩奇一家了，我太饿了，他们现在是我的烤串。"她一边嘟囔，一边模仿烧烤的样子，反复摆弄着"佩奇一家"。她跑进厨房拿了碗和小瓶子，一边在碗中抓着什么，一边嘴里嘟囔着："加点盐，刷点油，这样烤肉更好吃！"活生生地还原了爸爸在野外烤肉的样子，然后还大口地吃了起来，我不禁感叹，孩子自主创编游戏的能力真是太强了！

接着，她小心翼翼地把关于小猪佩奇的所有卡片、玩具、玩偶都摆放在自己的玩具柜上，变成自己最心爱的"物品"，每当家里来客人，她都会把一个个小道具陈列开来，乐此不疲地分享着关于小猪一家的故事，并且重复上演着野营与烧烤的段子。

每个孩子都有自主创编游戏的能力，加入对话能帮助家长了解孩子的想法与需求，跟随孩子的节奏进行游戏，常会有意外之喜。孩子通过操作"玩具"进行游戏，不仅能提升他们的语言表达能力，还能帮助孩子融入一项专注而有趣的活动，尝试与他人分享自己的作品，极大地满足了孩子的成就感。

事实上，只要家长善于观察，我们能找到许多孩子收集的"宝贝"，如石头、卡片、扣子等。孩子通过触摸、闻嗅等方式认识和探索这些事物的形状、味道以及颜色等，这和从书本上或影片中认识这些事物在程度上有很大的差别，孩子的学习是主动的，多姿多彩的，用自己的经验和感知来获得学习经验的。试着去了解孩子的那些"物件"或"宝贝"，让它们成为故事中的主角，让故事成为家庭中互动的话题。

读完本节内容后，想一想您的孩子是否也在家里不断搜集我们认为"没用"的物品？他是否给您讲述过有关这些物件的故事？请记录并分享关于您和孩子的"物件"话题。

成长笔记

本节中，我们与您分享了很多生活中的小案例，案例中的家长们都或多或少把握住了那些随时可能发生的教育机会。读完本节内容，您有什么收获和感受，不妨记录下来吧。

成长笔记

第二节
亲子探索游戏

本节作者：马乐　韦青改

教育不能创造什么，但它能启发儿童创造力以从事于创造工作。

——陶行知

儿童博物馆中有众多的展项，为儿童提供了主动探索、玩耍、学习的环境。上一节中我们带大家一起感受和发现"生活处处皆教育"，学习随时随地可能发生，家长若能发挥主动性，随时都可以成为孩子学习的观察者、参与者和支持者。在本节中，我们将结合日常生活的环境，利用生活中常见的物品，展开简单、有趣、易操作的亲子游戏内容，通过观察或参与孩子主导的游戏，家长能更清楚地看到孩子内心的渴望和真实的想法。另外，游戏过程中高质量的亲子互动也会让孩子看到，家长愿意全身心地关注自己，陪伴自己，这十分有利于家长与孩子之间建立起稳定、持久、亲密的亲子关系。需要提醒大家的是，在游戏的过程中，记得放下

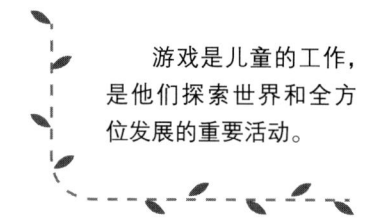

> 游戏是儿童的工作，是他们探索世界和全方位发展的重要活动。

"教"孩子的念头,做到尊重孩子的意愿,跟随他的节奏一起游戏,把儿童博物馆带回家!

一、把儿童博物馆带回家之感官探索

儿童博物馆为儿童提供了多感官体验。前面章节中提到儿童博物馆会鼓励孩子动手操作,利用各种感官体验进行学习。我们知道,人都是通过自己的感官(视觉、听觉、味觉、触觉、嗅觉等)来探索周围世界,进而形成对世界的认知的,对孩子来说尤其如此。在很多儿童博物馆中会设置不同的感官房间供孩子体验,如呼和浩特市老牛儿童探索馆中有一间神秘探险屋(如图3-2-1),孩子在里面能直接感知到不同的声音、气味、温度、质感等。孩子通过对未知环境的体验来进行分类判断,建构心智,学会适应他所在的环境,再去改造环境。

> 一切知识都是从感官的知觉开始的。

丰富的感官体验不仅能让孩子全身心地参与游戏,获得真实体验,还能进一步促进学习的发生。那么在家庭中,孩子也依然会有很多机会通过感官体验进行学习,以下给大家分享一些有趣的小游戏,我们的感官探索之旅马

图3-2-1 神秘探险屋

上就要开始喽!

(一)玉米糊里的秘密

在探索世界的过程中孩子尝试用手触摸不同的事物,这个过程能带给孩子丰富的触觉刺激,还可以让孩子对事物的感知更敏锐、精准。本次的游戏通过孩子去触摸日常生活中常见却很少接触的事物,尝试在游戏中将自己的感觉与语言联系起来并表达出来,促进感知觉的发展,提升语言表达能力。

材料准备 玉米淀粉1袋;塑料盆1个;装满水的水杯1个;儿童绘画罩衣1件(或是废旧衣服也可以)。

游戏玩法
1. 家长用神秘的方式拿出一袋玉米淀粉问问孩子"你知道这是什么吗?"鼓励孩子想一想、说一说,了解孩子原有经验。
2. 给孩子一个盆,让他自己尝试把袋子里的玉米淀粉倒进容器中,给孩子足够的时间让他自己去玩弄淀粉,也许他会把淀粉撒得到处都是,鼓励他们闻一闻、尝一尝,用手去抓一抓、搓一搓,并说一说自己的感受,与孩子一起玩淀粉,尽可能用孩子能想到的方式去进行游戏。在适当的时候鼓励孩子分享:
你是怎么玩玉米淀粉的?
它摸上去是什么感觉?
3. 给孩子一个装满水的容器问孩子:"如果玉米淀粉遇到水会发生什么呢?"观察孩子如何进行游戏,直到玉米淀粉变成糊状后,与孩子一起抓一抓水淀粉,让孩子在游戏中发现玉米淀粉从干到湿的状态,尝试用语言表达自己的发现,然后再次提问:现在的玉米淀粉变成什么样了?摸起来有什么感觉?(如图3-2-2)
4. 给孩子足够的时间自己探索,其间可以与孩子聊一聊自己的感受。

家长指导

1. 如果孩子排斥接触淀粉，家长不用强迫孩子必须尝试，对于这些孩子，家长注意给他们的材料一定是由少到多，一点一点增加，让孩子逐渐适应这个过程。

2. 可以和孩子互动的问题：

你看到了什么？它是什么样的？

你尝试用手摸一摸，有什么样的感受？为什么这么认为？

你还在哪里有过这样的感受？

能用一个词/一句话来表达自己的感受吗？

注意：①年龄较小或语言表达还不够完善的孩子可以鼓励他们用简单的词去形容自己的感受，例如，"滑滑的、湿湿的、软软的……" ②家长重复孩子的语言，并总结孩子的感受。年龄大的孩子尝试用一个句子或者形容词去表达自己的感受，例如，我摸到的玉米糊是黏糊糊的，像抓到了泥巴一样。

3. 玉米淀粉遇到水是黏稠的状态，可以称作"流动的面粉"（如图3-2-3），现实生活中大部分孩子很少有机会用手去尝试这种所谓"脏兮兮"的游戏，所以当手遇到黏稠的东西时，部分孩子可能会感到不适应。

图3-2-2 玉米淀粉遇到水

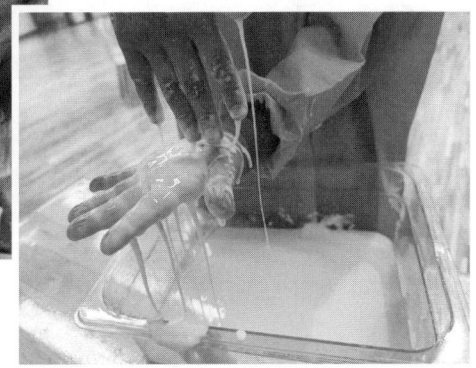

图3-2-3 流动的面粉

安全小贴士

第一,游戏可以在家里空旷一些的地方进行,避免孩子将玉米糊甩得到处都是,清理起来不方便。

第二,针对有鼻炎或呼吸道过敏的孩子,玩干淀粉时可以给孩子戴上口罩,避免孩子吸入。

第三,可以跟着孩子的节奏进行,家长不要过多干涉孩子探索的方式。

第四,如果发现孩子对这一类游戏非常感兴趣,家长可以尝试替换更多的材料,因为孩子每一次的尝试都是一次全新的触觉体验。

第五,材料选择注意安全性。待孩子对可食用材料有一定经验基础后,家长可逐渐引导其参与餐食的制作,适当避免过度浪费材料。

读到这里,您是不是有一种想和孩子立刻玩起来的冲动?很期待你们的游戏反馈,也想知道你们是否创造了更有趣的游戏方式。请在下面记录您和孩子玩过游戏后的感受,记录在游戏中发生了哪些有趣的事情。

成长笔记

（二）我用嘴巴来感知

嘴是人类最敏感而且感知能力最强的器官，我们都知道当孩子还是胎儿的时候他们就已经用嘴吸吮自己的手指了。嘴巴可以说是孩子的第三只手，因为其接收信息很强，也很快。通过品尝，孩子能对物品的物理特性进行比较，例如，味道、软硬、冷热。在家庭中，我们也可以开展一场关于"食物的味道"展览活动。

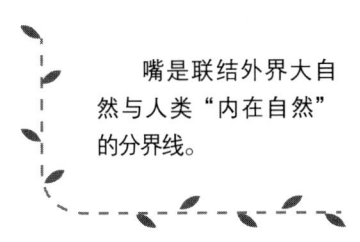

> 嘴是联结外界大自然与人类"内在自然"的分界线。

材料准备：甜点、苦瓜、山楂、糖葫芦、柠檬、蔬菜等一切安全的食物；一次性水杯4个（装入调配好的4种口味的水：咸味——盐水；甜味——糖水；酸味——柠檬汁；苦味——苦瓜汁）；棉签4根。

游戏玩法：

1. 在某天的午餐或晚餐中，准备几种不同味道的食物让孩子品尝（酸甜苦辣咸），聊一聊自己喜欢或不喜欢哪种食物？为什么喜欢或不喜欢？

2. 用餐结束后和孩子一起猜谜语："上面一片红、下面一片红，里面住着一排白娃娃，问问他们干什么，叽里呱啦说一通。"如果孩子能说出谜底嘴巴，家长继续问：嘴巴里除了住着白娃娃，还住着谁？（舌头）

3. 让孩子去照镜子看看自己的舌头，讨论：我们的舌头有什么本领？不管孩子如何回答，家长都不要否定孩子的答案。然后拿出四种不同味道的水/食物，选

图3-2-4 舌头味蕾分布

择一杯水/食物，请孩子用棉签在其中蘸一点后用舌头的不同位置尝一尝，然后说一说是什么味道，是舌头的哪个位置尝出来的？

4. 当孩子了解到舌头可以帮助我们品尝出不同的味道后，与孩子一起阅读绘本《味觉的秘密》，深入了解味觉是如何工作的，以及舌头的重要性。

> **家长指导**

1. 游戏的过程中不用刻意要求孩子必须按照家长的节奏进行，如果孩子对哪个环节很感兴趣，请给他足够的时间让其探索。

2. 品尝时可以让孩子先闻一闻、猜一猜、最后尝一尝，说一说自己的感受。

猜猜它是什么味道的？

闻一闻它的味道是什么样的？

请你尝一尝，然后说一说你尝到了什么味道？

3. 也可以准备更多不同味道的食物，将它们打乱摆放，让孩子按照味道进行分类，然后和孩子聊一聊自己的舌头是如何品尝的，哪个部位品尝出来的？

安全小贴士

（1）不同味道的食物不要准备太多，避免孩子吃多了导致肠胃不适。

（2）低年龄段的幼儿可以从他们能接受的两种不同味道的食物开始。

（三）神秘触摸盒

孩子总是对未知的事物充满好奇，他们喜欢猜想，喜欢挑战，喜欢摆弄各种玩具，更喜欢神秘而有趣的亲子小游戏。我们都知道，孩子还具备超强的记忆力，他们像海绵一样吸纳着生活中一切与自己息息相关的事物。本游戏通过让孩子观察记忆不同形状、材质的玩具，尝试在看不到的情况下触摸并识别，能用语言描述自己触摸的物品是什么，提升孩子感知能力。

材料准备

10~20件小物件（玩具、工具、生活用品等，如小汽车、刷子、毛绒玩具、小瓶子、瓶盖等）；神秘袋、神秘箱（袋子可以找布袋，需要深色看不到内部的；神秘箱可以用废旧纸箱做一个）。

游戏玩法

1. 家长与孩子以玩捉迷藏的方式展开游戏，家长可以用语言描述家中的一样物品，请孩子去寻找这件物品在哪里，它是什么。例如，这个物品是长方形的、摸起来很光滑、能装很多的玩具。

2. 与孩子每人选5~10件形状、材质不同的小物件玩具，花一些时间请孩子认真观察并触摸每个小物件、玩具，然后把它们装进神秘袋、神秘盒中，请孩子伸手进去摸，说一说他摸到的是什么，摸起来是什么感觉，有什么特点，然后拿出来看一看自己猜对了没有。

3. 根据孩子触摸的情况来增加玩具数量，适当提高难度，也可以尝试与孩子进行比赛，轮流摸，看谁猜对得多。

家长指导

1. 对于4岁以下的孩子，要更关注孩子的触摸体验，4岁以上的孩子则可以尝试在神秘袋中放入同类型的物件/玩具，让孩子同时摸到两个物件进行比较，说一说它们的不同和特点，然后再拿出来看看自己猜得是否正确。

对2~4岁幼儿可以提出的问题有：

√ 用手去试着摸出一个物品，猜猜它是什么？

√ 你能用语言描述一下摸到的感觉吗？

√ 你为什么觉得它是×××？

对4岁以上幼儿可以增加的问题有：

√ 你在家里的哪个地方见到过它呢？

√ 请你同时摸两个物件/玩具，说一说它们有什么不同？（材质、外形、大小、用途……）

2. 对于一些孩子来说，未知的事物会让他们感到不安全或焦虑，他们可能会排斥或抗拒用手去触摸，那么这个时候家长需要耐心地演示，让孩子看到物品是如何放进袋子里的，家长演示自己伸手进去触摸并描述自己的感受，让这件事变得有趣，孩子慢慢就能接受了。

安全小贴士

1. 物品的选择要保证安全性，避免尖锐的物件。
2. 游戏尽量避开家里的玩具区，以免分散孩子注意力。

读完这部分内容，相信您对感官探索已有了更多的思考，在日常生活中您也会提供更多机会让孩子去触摸，请记录下您读完这一小节内容的收获与感受。

成长笔记

二、把儿童博物馆带回家之借助实物讲故事

故事就是孩子的宝库，孩子们在故事与现实生活中不断切换。博物馆像是一个故事大宝库，任何一件展品都有属于它自己的故事，这让整个博物馆变得鲜活富有生命。例如，在国家美术馆观看一幅画时，为了让孩子们感受风，可以通过一个物品让孩子们观察作品中风的绘画方式。借助一块白布，当这块白色像风一样的布晃动起来时，他们感受到空气在他们脸颊吹过。对于年幼的孩子来说，这些经历增进了他们的理解，让孩子通过实物与不同艺术作品建立连接，用他们能接受的方式直观地理解世界。

> 孩子通过讲故事来学习，最终形成对世界的理解。

家庭中故事的应用也非常广泛，通常会以绘本故事、改编故事、即兴讲述等形式进行。在讲述故事的过程中您要注重语言表达，抑扬顿挫，让孩子把自身融入情景之中去感悟和体会。孩子的语言、注意力以及大脑对情节信息的处理都会受到潜移默化的影响，故事也会加强孩子的想象力。在这个模块，我们将结合儿童博物馆的理念，给大家提供一些关于"讲故事"的方法及可在家庭中实施的案例。我们相信，您的孩子一定会喜欢这种借助实物讲故事的技巧的。

（一）用"实物"讲故事——《最爱的一件"宝贝"》

相信讲故事对家长而言并不陌生，也许每天都在发生。借助"实物"讲故事能让孩子拓宽思考范围，与熟悉的事物建立联系，挖掘更多相关的学习内容。

材料准备
1. 家长与孩子每人选一件自己喜欢或最有意义的物品。
2. 准备一个精致的盒子或袋子，把物品放在里面。

游戏玩法

1. 拿出盒子或袋子，相互猜一猜对方准备的是什么，可以试着伸手进去摸一摸。
2. 打开盒子或袋子，请对方观察这个物件，可能每个人都会对别人的物件产生好奇，问出一些问题。
3. 每个人轮流讲述自己的物品，说一说你是如何成为他的主人，你喜欢它的原因是什么，为什么它最有意义、具有纪念价值，每个人可以对这个物件提出自己的疑问和想法。

家长指导

1. 如果要与孩子利用"实物"展开故事，物品的选择尽量可以与孩子相关，这样更容易让孩子与自身进行结合，更好地融入故事，让孩子通过观察、触摸、描述、提问等方式与家长展开对话。
2. 尝试找一找与物件有联系的绘本，扩大孩子的认识范围。

讲故事的小案例

物件：一条最爱的羊毛围巾

这个物件对我的纪念意义：这是我人生中第一条羊毛围巾，因为是羊毛的，非常暖和，而且很柔软，每年冬天我都戴着它。这条围巾是我过18岁生日的时候，最好的朋友送给我的，后来，她搬家了，那时候网络不发达，我再也没有联系到她。所以，每次戴着它都能想到我的好朋友，想念与她一起度过的快乐时光。

找到的绘本：《我是一只有个性的羊》。

延伸内容：小羊的生活、羊毛的来源、羊毛的作用、羊毛在生活中的应用。

请您回想一下，有什么物件对您来说非常有意义吗？有哪些绘本能与您故事中的"实物"建立联系？请分享一个您与孩子基于"实物"讲故事的案例，可以从以下几方面进行记录。

1. 有什么物件对您来说特别有意义吗？它为什么对您很有意义？
2. 您和孩子会怎样分享这个"物件"？
3. 您能找到与这个"物件"匹配的绘本吗？

成长笔记

（二）借助绘本讲故事，丰富孩子想象力——《我的情绪小怪兽》

绘本在儿童博物馆有重要作用，在众多展项活动设计中用到了绘本的元素，它可以使活动变得更有童趣，内容更加宽泛，且易于延展。同时，我们在儿童博物馆的展区中能看到与展区相关的绘本。孩子多了一个渠道了解

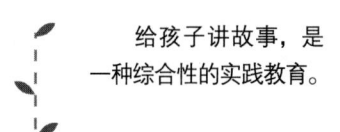

给孩子讲故事，是一种综合性的实践教育。

与展项相关的内容，并且在基于"实物"讲故事的活动设计中也使用到大量的绘本，这种模式得到了众多家庭的喜爱（如图3-2-5）。绘本的带入性很强，能使故事的内容更加丰富，可以满足孩

图3-2-5 展区绘本故事

子的需求。现在,绘本几乎成为家庭中必备的书籍,也是孩子们与家长喜爱的阅读资源。它贴近孩子的生活,不仅能帮助孩子解决生活中的不良习惯和行为,还能培养孩子语言能力,养成良好的阅读能力,更能丰富孩子的想象力,因而广泛应用在家庭生活中。

在呼和浩特市老牛儿童探索馆中有一个展区"认识自我",包括帮助孩子们认识自己的不同情绪以及这些情绪出现后会做哪些事情。那么在家庭中我们也可以结合绘本让孩子了解并认识自己的情绪。

材料准备 绘本《我的情绪小怪兽》。

阅读方法
1. 与孩子讨论或分享自己都有过哪些情绪,说一说自己会因为什么事情感到开心、生气、悲伤或害怕。

2. 分享绘本《我的情绪小怪兽》。

3. 提出问题:说一说家里谁最喜欢生气?如果他生气了我们可

以做些什么让他不那么生气？发生什么事情会使你感到害怕？当你害怕的时候希望别人怎么帮助你？

4. 阅读技巧：在讲每一种情绪时可以与孩子讨论通过画面信息了解到的内容，同时也可以引入孩子日常生活中的案例，用肢体语言及孩子能接受的方式表演或描述出来。例如，玩具被抢走后很生气；害怕自己一个人睡觉；去游乐园玩时很开心。

5. 试着收集与自己情绪相关的"物件"，无论是开心的还是生气的，回忆并讲述与"物件"相关的情绪小故事。

延伸活动

制作情绪收纳瓶

1. 找5个空酸奶瓶或者矿泉水瓶来当情绪收集瓶。

2. 与孩子一起给5个瓶子分别做开心的、害怕的、悲伤的、愤怒的和平静的标记。

3. 利用一些超轻黏土或小饼干来做我们的情绪小球。

家长指导

1. 倾听并记录孩子的情绪变化，把这些现象变成"××宝贝的情绪小怪兽"的成长故事，讲给孩子听，让他们能站在旁观者的角度了解自己的情绪变化。

2. 对于较小的孩子，尝试帮他们说出自己的情绪变化。让孩子意识到自己有不同的情绪，并且这些情绪没有好坏之分，感受到父母能无条件地接纳自己的情绪。例如，"妈妈看到你没办法打开玩具盖子，所以你很生气。下次你可以请妈妈帮忙，这样你就不会这么生气了。""第一次见到叔叔，妈妈看得出来你有点紧张和害怕，没关系，妈妈和你在一起，看看妈妈是怎么和叔叔打招呼的……"

您一定有很多与孩子进行绘本分享的经历，请分享一个您与孩子深入阅读绘本的案例，说说您用了哪些方法？孩子提出来哪些问题？

> **成长笔记**

（三）把故事"演"出来——《猫和老鼠》

每个孩子都是表演者，他们喜欢模仿，不管是用语言、表情还是动作，这是他们典型的学习方式。多数儿童博物馆设置了"舞台"或"剧场"的展区，提供一些有趣的故事剧本和特色服装，鼓励孩子走上舞台大胆地展现自己。孩子们可以在表演过程中按照自己的意愿演绎自己喜欢的角色。生活中，很多孩子尤其喜欢强大的反派角色，模仿可以帮助他们大胆地想象和表现，满足掌控欲。那么，家庭的任意一处角落都可以成为孩子表演与展现自己的小舞台。

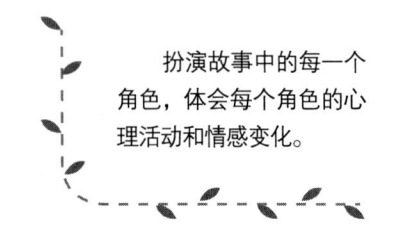

> 扮演故事中的每一个角色，体会每个角色的心理活动和情感变化。

材料准备
1. 桌子、一些家里常见的食物。
2. 猫和老鼠的玩具、手偶、头饰。

> 游戏玩法

1. 讲述故事。

   有一只小花猫特别懒,除了吃就是睡,整天吃吃睡睡的。有一天,小老鼠饿极了,看到小花猫正在睡觉,决定偷偷出来找点吃的。于是它跑出洞来,东瞧瞧、西瞧瞧,"吱吱吱、吱吱吱",它蹑手蹑脚地来到小花猫周围,发现了好多香喷喷的奶酪、水果、面包。正在它吃得高兴的时候,小花猫醒了并发现了它。忽地追了上去。小老鼠跑呀跑呀,小花猫追呀追呀,最后小老鼠跑进了洞里去。

2. 与孩子一起把故事表演出来,请孩子选一个自己喜欢的角色。"花猫"和"老鼠"选择家里的一个地方当自己的窝,游戏可以反复进行,互换角色(如图3-2-6)。

歌词:那花猫正在睡觉,呼噜,呼噜,那花猫正在睡觉,呼噜噜!(花猫做出睡觉的样子)小老鼠跑出洞来东瞧西瞧,小老鼠跑出洞来,吱吱叫!(小老鼠跑出洞来找食物)那花猫突然醒来,追呀追呀,要抓住小老鼠呀,喵喵喵!(花猫追老鼠,老鼠赶快跑回洞里)

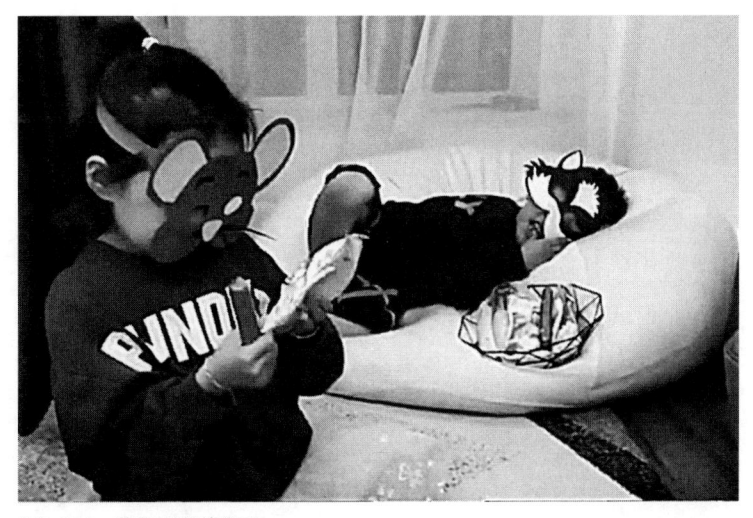

图3-2-6 猫和老鼠的游戏

家长指导 与孩子进行游戏时，孩子可以提出自己的想法或其他故事角色。为鼓励孩子自己的创编故事，家长可根据孩子创编的故事情节配合表演。

（四）讲故事也要有技巧，让故事有更多可能性

在儿童博物馆中，不管是基于"实物"讲故事还是借助绘本讲故事，都需要很多的互动技巧支持。在日常工作中，很多家长喜欢并认同儿童博物馆的教育活动，但依然会问：如何讲故事会更吸引孩子？如何与孩子展开有意义的对话？我们在这里提供几条建议，您可以在与孩子分享故事时试一试。

1. 提出开放式问题，让故事有更多可能性

在讲故事的过程中，孩子可能会问很多问题，他们会关注自己所感兴趣的内容。家长需要收集孩子提出的问题，了解孩子想学习的内容。同时，在讲故事过程中提出开放式问题，帮孩子把问题聚焦到更具体的内容上，然后深入思考各种可能性，提升他们的原有经验。如果您还不知道提哪些问题，以下这些问题可供参考。

你都看到了什么？（从大范围聚焦到故事中重要的信息）

你从哪里看出来的？（鼓励孩子观察细节信息，从表情、行为、物品或事件等地方描述）

可能会发生什么事？（对未发生的事件进行猜想和假设）

你为什么这么认为？（听听孩子的想法和理由）

听完这个故事你能说说你的想法吗？（让孩子学会总结与表达，给予赞许和肯定，这样孩子更愿意表达自己的想法）

2. 声情并茂，让故事更有趣生动

肢体语言使讲故事更富有戏剧性，夸张的表现能突出故事的情节和人物特点。

肢体动作：用肢体表现其中的动物、动作等。

语言：语气抑扬顿挫，能使用各种发声方式去进行模仿。（动物的叫声、环境中的风雨声、形容动作的语气词等）

表情：体现喜怒哀乐，让孩子在表情中找到一些与绘本内容相符的信息等。

使用道具：借助家中的一些生活用品（小道具）来丰富绘本内容。例如，用玩具创设场景内容，用桌布表示披风，用沙发表示大山，用走廊表示小河等。家长可根据实际情况充分发挥想象与孩子一起设计。

3. 鼓励孩子讲故事，提升逻辑能力

（1）孩子喜欢听稀奇古怪的故事，会讲故事的孩子往往具有灵活的头脑和较强的逻辑能力。

（2）试着描述一天中自己记忆最深的事情。

（3）给出一个故事的开头，试着让孩子编出一个故事来。

4. 尝试用简单的语言总结故事内容

提取关键信息是阅读理解重要的能力之一，家长可以结合故事图文引导孩子总结故事大意，如引导孩子关注图书的题目、主要角色及重要情节等。

读完这部分内容，您或许了解了更多"讲故事"的方法，不妨记录下您的所感所想和收获。

成长笔记

三、把儿童博物馆带回家之角色扮演

角色扮演也就是我们常说的过家家，在儿童博物馆中都会有角色扮演相关的展项，如厨房展项（如图3-2-7）、小汽车展项、超市展项等，让孩子有机会通过参与角色扮演游戏来模仿成人的活动。

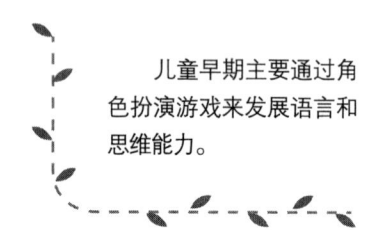

> 儿童早期主要通过角色扮演游戏来发展语言和思维能力。

图3-2-7　厨房展项

在生活中孩子们会把一块积木假装当成一辆车，把沙发假想成一座桥或一艘船，或者穿上妈妈的鞋子假装要去上班。通过这些假想，孩子不断练习把真实物品想象成其他的符号或事物，这种能力将为孩子之后学习抽象概念奠定非常重要的基础。角色扮演也有助于孩子的语言学习，因为语言其实就是用符号来代替真实物品。在学龄前经常进行角色扮演游戏的孩子比其他孩子语言词汇更丰富、表达能力更强，因为角色扮演通常需要与他人交流、扮演其他的角色，因此孩子更容易理解他人，产生同理心。

（一）角色扮演——手偶剧

在家庭中，我们可以尝试利用毛绒或手偶来演绎。孩子都喜欢听故事，当他把熟悉的故事利用玩具来编排，您会发现他享受其中（如图3-2-8）。这时，家长可以积极参与进来，与孩子互动，他将会非常期待看到情节会怎么发展。这时候，您可以尝试用手偶剧来帮助孩子了解愤怒、生气、伤心，也可以利用手偶剧的剧情来帮助孩子学会处理问题。

图3-2-8　与手偶鹦鹉对话

游戏材料　家里一切可用的毛绒玩具、人物指偶、动物模型等，都可以成为手偶剧中的角色。

游戏玩法
1. 当孩子用玩偶在自言自语游戏时，听听他在说些什么。
2. 积极参与孩子的游戏，以孩子与玩偶角色互动的情境为主导展开游戏，家长可以加一些日常生活中的情节，给予孩子表达机会。例如孩子在给玩偶洗澡时，您可以问一问：我也想洗澡，你能帮我也洗洗吗？先洗哪里？再洗哪里？让孩子用自己的方式给家长"洗澡"。

3. 鼓励孩子延续情节，洗完澡要干什么呢？讲故事、睡觉……

家长指导

可将日常生活中处理不了的问题编排在游戏剧情中，让孩子有机会反复练习不同的处理方法。

以有趣的、轻松的甚至是搞笑的方式与孩子互动，不要变成传授或讲授，那样可能会遭到孩子的抵触。

请您想一想，孩子在进行手偶剧游戏时，有哪些有趣的对话、不可思议的情节？请您记录下来。

成长笔记

（二）角色扮演——过家家

过家家游戏中您和孩子可以分别扮演不同的角色，例如，您当妈妈，他当孩子，或者您当主人，他当宠物，具体当什么，要根据孩子的兴趣。角色扮演游戏通常都是开放式的,过程中需要情节的设计以及大量语言交流(如图3-2-9)。角色扮演可以间接培养规则意识、行为习惯,还能提升孩子情绪管理的能力。

游戏材料

家长的日用品,如背包、围裙、项链、领带、电脑、手机等。

游戏玩法

1. 当孩子对于妈妈或爸爸某一角色感兴趣时,家长可以为孩子提供具有角色特点的日常物品。
2. 设定一个孩子感兴趣的场景,例如,妈妈的一天;照顾宝宝;美味的晚餐;爸爸工作;等等。家长积极参与到孩子设定的角色中,并与孩子展开游戏。
3. 鼓励孩子设计更多的角色,例如,谁扮演妈妈,谁扮演爸爸、奶奶、爷爷等,说一说这些人都处于一个什么样的场景,

图3-2-9 蜜蜂爸爸带宝宝回家

谁负责照顾孩子？谁负责买菜？谁负责做饭？邀请大家一起开展有趣的过家家游戏。

> **家长指导**
>
> 孩子会扮演生活中他感兴趣的任意角色，例如，各种职业人员，像消防员、医生、警察等，还有各种动物，我们都可以鼓励孩子尝试扮演不同角色，让孩子体验不同的职业或角色。
>
> 孩子会反复扮演某一角色，需要您有足够的耐心，观察和支持孩子的游戏。

请您分享一个关于孩子过家家的游戏，并记录下来。

> **成长笔记**
>
> _____
> _____
> _____
> _____
> _____

四、把儿童博物馆带回家之科学实验

在巴黎科学工业城儿童空间里，场馆为满足不同年龄观众需求，在科学、社会和技术之间架起了一座桥梁，让孩子们可以在各种游戏和实验操作中学习基本的科学原理。例如，孩子们可以

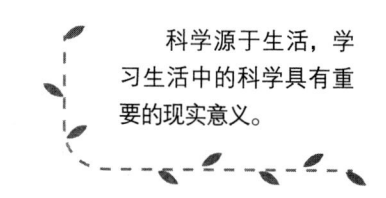

> 科学源于生活，学习生活中的科学具有重要的现实意义。

通过游戏观察水的流动，体验水力机械装置的运转，感受空气的流动和光的色彩等，紧密贴合孩子日常生活，孩子将通过动手体验和提问来寻找自己想要的答案。在生活中即便您没有科学相关专业基础，也可以利用生活中常用的材料为孩子们提供简单、有趣、可反复操作，并能观察的化学和物理现象。

（一）科学实验——光影游戏

影子的游戏是很多孩子都喜欢的活动之一，一束光、一双手、一面墙、一堆积木、一些人偶……通过简单的动作，一只鸟、一座城堡、一只怪兽就活灵活现了。您可以与孩子一起追着影子玩，也可以在不经意间突然跳到他们的影子上大声说："我踩到你的肚子啦！"在家关掉卧室的灯，打开手电筒，与孩子在床上张牙舞爪，用身体上演一场关于怪兽的大战……您是否会有一下子回到童年的感觉，真是其乐无穷。

接下来的游戏灵感来源于米兰儿童博物馆中的一个展项"colour"。孩子是天生的科学家与艺术家，所以，我们不要去蒙蔽他们的眼睛，给他们足够的时间进行探索学习，让他们看到表象与既定现实之外的世界，看看我们如何把博物馆的游戏带回家。

游戏材料　手电筒、纸，一面白墙。

游戏玩法
1. 当夜幕降临时关掉卧室的灯，给孩子一个手电筒，看看他是怎样与影子做游戏的。
2. 你能让影子变大变小吗？要怎样做？给他时间找到答案。改变光或物体的位置，影子的大小都会受到影响。
3. 影子是什么颜色的？只有一种颜色吗？给孩子一些彩纸，看看孩子怎样改变光的颜色。原来当白色的光照到彩色的纸张上，"彩灯"就出现了（如图3-2-10）。

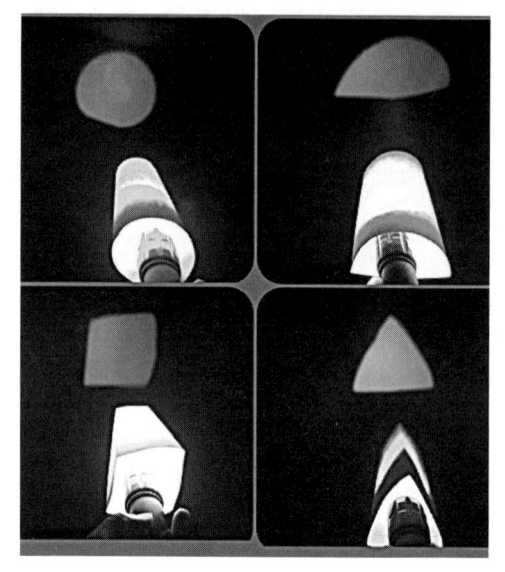

图3-2-10 探索彩色光影

4. "彩灯也有影子吗？"它们的影子是黑色还是彩色的？
5. 用手电筒照射不同形状的彩纸筒，它们的影子会有颜色的变化吗？原来光照口封上相应色，就能改变光照射出的颜色（如图3-2-11）。

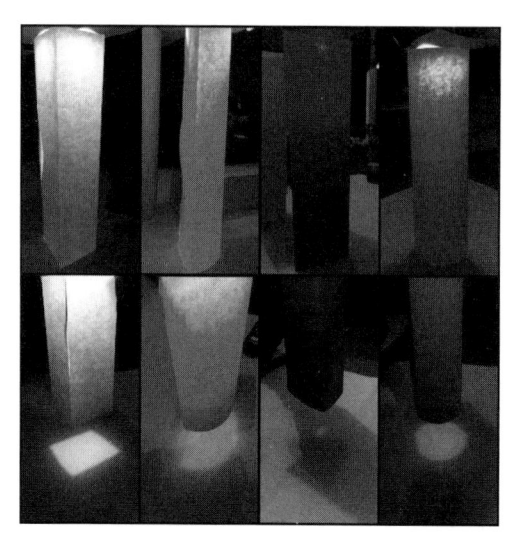

图3-2-11 彩色"灯柱"

> **家长指导**

1. 每开始一个游戏前记得问孩子：可能发生什么？让他们对一些现象进行前期的假设。
2. 游戏结束时记得让孩子进行总结：

你看到了什么？

为什么会有这样的现象？

你是怎么发现的？

你还能想出其他的游戏方式吗？

3. 本次影子活动是对于空间探索非常棒的一次尝试，建立物体与影子之间的联系，从而发现光与影的奇趣之处，与此同时当光遇到彩色的纸后，影子也有了一些变化。游戏中希望家长带着孩子去观察不同的现象，对于一些未知的或想知道的可进行假设，让孩子充分地去思考，然后进行实验测试，鼓励孩子对自己所看到的现象进行总结。

4. 我们可以将影子渗透在生活中的每时每地，不管是白天还是晚上，室外还是室内，影子随时可能出现。可以与孩子讨论不同的影子，如我们的身体、喜欢的玩具、小棍、软的毛线等，它们的影子是什么样的？也可以将孩子感兴趣的故事用影子游戏的方式表演出来。总之，孩子是最好的游戏者，看他们如何能玩出新花样，我们只需要去支持、配合、参与、引导即可。

请您记录下孩子在光影游戏中提出了哪些问题。他最好奇的是哪个部分？他都观察到了什么？有哪些收获？

> 成长笔记

（二）科学实验——厨房里的科学

在波士顿儿童博物馆里有一个展项，三个小罐子中分别装了100颗糖豆、500颗黑豆、1000粒大米。展项的图文版建议家长问孩子：试试通过小罐子的数量，推断下面对应的大罐子里到底装了多少颗糖豆、黑豆或大米，帮助孩子们加深对体积、数量的直观认知。科学的重要核心是通过观察和已有的经验进行分析，从而进行预测。其实从孩子很小的时候，家长就可以利用身边的物品为孩子提供这类游戏的机会，锻炼孩子的观察和推测能力。

游戏材料

带有种子的蔬菜或水果，如玉米、豆角、苹果、梨等（如图3-2-12）。

游戏玩法

1. 将梨切为两半，让孩子数一数一半梨中有多少种子，然后可以让孩子猜猜整个梨会有多少颗种子。

2. 更复杂一点的是不规则的蔬菜，例如，切开青椒的顶，让孩子数数有多少颗种子，然后让孩子预测整个青椒有多少颗种子。

图3-2-12 带种子的蔬果

家长指导

1. 仔细观察切开的部分。
2. 当孩子说出数量的时候，可以让他讲讲他是如何进行推测的。
3. 和孩子一起动手操作，帮助他切片、数数，看他猜得对不对。
4. 和孩子一起讨论一下如何才能推测得更准确。

厨房里有太多有趣的游戏，例如，怎么把生的东西变熟？为什么紫甘蓝过热水后水会变成紫色？怎么区分熟鸡蛋和生鸡蛋？……请您回想并记录下一个与孩子在厨房里发生的有趣的事情。

成长笔记

五、把儿童博物馆带回家之亲近自然

匹兹堡儿童博物馆有一个户外花园互动展区，为孩子们提供了一个接触大自然的机会。在这里，孩子们不但可以尝试亲手种植水果、蔬菜、草药和可食用花卉，还能了解当地丰富的可食用植物品种。我们居住的城市中的自然环境，是孩子学习的绝佳场所，为孩子提供了丰富、真实的学习体验，激发着孩子们的创造力、想象力和解决问题的能力。在户外活动时，孩子们或许会对一棵树的高度感到好奇，也会对一片大大的叶子感到兴奋，这样的材料给了孩子更多游戏可能。

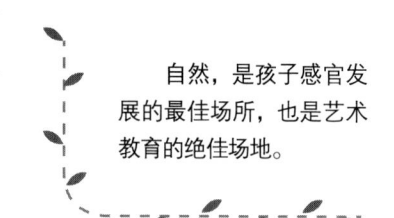

> 自然，是孩子感官发展的最佳场所，也是艺术教育的绝佳场地。

（一）亲近自然——探索树叶

自然中有各种各样的感官信息，如鸟的叫声（听觉）、粗糙的树皮（触觉）、各种各样的颜色、形状（视觉），自然界中还会有各种各样的气息（嗅觉），还有可能采摘到可食用的野果（味觉）。当孩子们进入真实自然环境中，他们的各种感官就会被自然唤醒，他们会调动自己全部感官观察和感受自然之美。秋天是孩子们了解树叶的绝佳时期，他们会捡起各种形状的树叶兴奋地挥舞或是捧起一堆高高地抛撒起来。

游戏材料 树叶。

游戏玩法 1. 当孩子找到一片感兴趣的树叶进行观察时，和孩子一起来聊聊这片叶子，看看它有什么特点。例如，它很大，它的边缘是锯齿状的、触摸起来有点涩涩的、一些干叶子如果我们不小心捏它时会使它碎掉，当我把它放开时，它会缓慢地落下来，它像我的手掌……孩子在说它的特点时，家长可以重复一遍孩子的答案。

2. 家长可以启发性地提问，引导孩子进一步思考：所有的叶子都一样大吗？你是怎么知道的？你能寻找其他的树叶进行比较吗？

3. 鼓励孩子进行提问："关于叶子你还想知道些什么？"根据孩子提出的问题，对树叶进行更加仔细的观察。

家长指导

1. 通过探索树叶的过程，让孩子学会用证据来支持自己的结论，当孩子在观察时，家长可以通过开放式提问来引导孩子进一步思考。

2. 自然界的材料孩子想怎么玩就怎么玩，当孩子有好玩的创意时，家长可以给予支持和帮助，比如，一个树枝，孩子可以当作一把剑、一把长笛、一个魔法棒……

请您安排一场与自然亲近的活动，引导孩子去观察树叶，并记录下，孩子在探索树叶的过程中提出了哪些感兴趣的问题？他是如何进行观察的？你们之间有哪些有趣的对话？他有哪些收获？

成长笔记

（二）亲近自然——快乐露营者

在自然中奔跑无疑是孩子们最爱的游戏，接下来的游戏来源于费城的触摸博物馆，其中有一个叫"快乐露营者"的展项。孩子们可以围坐在篝火旁烤棉花糖，分享自己的故事，还可以找一找谁是森林中那个清醒的人，在这里孩子既能了解环境科学，也能锻炼交流协作的技能。

家长指导

1. 当孩子创造了更多的游戏方法时，家长需要积极地参与进来。
2. 在观察自然界中万事万物的色彩时，以孩子为主导进行观察，听听他们怎么说，有哪些想法，及时给予鼓励。

请您分享在露营中，发生过哪些有趣的亲子故事，让您记忆深刻的情景是什么？

成长笔记

六、把儿童博物馆带回家之艺术创作

孩子都是天生的艺术家，与生俱来的好奇心使他们对艺术的敏感度超越成人。美国圣地亚哥新儿童博物馆是全美为数不多的以艺术创造为主题

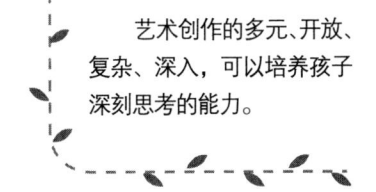

> 艺术创作的多元、开放、复杂、深入，可以培养孩子深刻思考的能力。

的博物馆，孩子们可以自由创作，探索各种艺术技巧，随意的绘画、使用黏土、切割、建造、喷射、组装等各种玩法，能让他们释放与生俱来的创造力。接下来的游戏将通过孩子们的日常生活，启发孩子充满创造力的心智。

（一）黏土创作

每个孩子都是玩泥巴的高手，黏土不仅有趣，更有助于培养孩子的动作技能，提高孩子的手部灵活性。经过捏、搓、拍、揉等简单动作，一个棒棒糖、一个碗、一只鸟、一颗心、一个小人等就创作出来了。我和孩子曾经在住宅楼下，挖回一些泥土来，再加入一些水，和孩子一起和泥巴，等泥巴和好后，我们就展开一场独一无二的创作。

游戏材料：泥巴、陶泥、彩笔。

游戏玩法：
1. 到楼下或公园挖一些泥土，将泥土每次试着加点水，和得偏硬一些。
2. 家长可以假扮要购买物品的人，说一下自己想要物品的样子，例如，我想要一个大大的、圆形的碗，最好上面有些漂亮的条纹，让孩子按照"客人"的要求做出来。
3. 家长也可以参与进来，为孩子捏出他喜欢的物品。
4. 做好造型后，放在旁边等待晾干即可，也可以涂上其他颜色（如图3-2-13）。

家长指导：
1. 工具可以更丰富一些，如安全的塑料小刀、擀面杖等，家长要给孩子足够的时间去探索尝试。
2. 最后和孩子一起把所有材料物归原位，这也是重要的步骤。

图3-2-13 陶泥作品

- 首先，可以和孩子明确他每次能进行艺术创作的规则，就是要负责和大人一起物归原位，建立孩子的规则意识。
- 分类和整理对低龄孩子可以锻炼思维，对大些的孩子也是培养耐心的好方法。

请您记录与孩子进行黏土创作过程中，孩子有哪些有趣的想法？他是如何进行创作的？你们有哪些收获？

成长笔记

（二）自由涂鸦

自由涂鸦是每个孩子都喜欢的艺术活动，孩子在自由的创作中可以获得满足感，他们不受拘束地大胆发挥自己的想象，用简单的点、线、面来表现自己喜、怒、哀、乐的情绪状态。圣地亚哥新儿童博物馆绘画工作室为孩子准备了一辆20世纪50年代的老式皮卡。这辆卡车成为孩子们进行绘画表达、艺术创作的"画布"，可供多个孩子共同参与。这不仅可以培养他们的合作能力，还让他们在涂鸦的过程不断激发自己的灵感。

在家庭中，我们几乎都经历过孩子在我们不经意间拿起画笔，把墙面当作画布进行创作的过程，为我们的生活添加"色彩"。这些涂鸦稀奇古怪，既可爱又无厘头，当孩子无意识地涂鸦时，我们可以为孩子们提供什么样的支持？如何参与孩子的涂鸦游戏？接下来的游戏将打开涂鸦的大门，支持孩子进行想象力创作（如图3-2-14）。

图3-2-14　自由涂鸦

游戏材料：不同粗细的笔（铅笔、彩笔、马克笔、毛笔、刷子等）、一卷大白纸、可清洗的颜料。

游戏玩法：
1. 家长在地上铺上白纸。
2. 提供不同粗细的笔，让孩子选择画笔在白纸上画出自己喜欢的线条或图案，也可以使用手指蘸上颜料进行涂鸦（如图3-2-15）。
3. 看看白纸上发生了什么变化？可以请孩子讲讲自己在白纸上画了什么？这些线条都代表了什么？这些线条有什么不同？

家长指导：
1. 在绘画前，问孩子："你想在上面画些什么呢？"可以让孩子在绘画前对自己的作品进行构思，若他没有想好，也不要紧，他能享受绘画的乐趣就好。
2. 过程中，家长不要过多干预，细心观察孩子是怎样选用画笔和颜色的，怎样完成构图的，我们只需要做一个观察者。
3. 结束后，让孩子分享一下自己的作品，画面中发生了什么"故事"，如果可以，帮孩子举办一个涂鸦展。

图3-2-15 线条涂鸦

当孩子在家里进行涂鸦活动的时候，您是如何进行支持的？和孩子有哪些有趣的互动，不妨记录下来吧！

> **成长笔记**

（三）百变纸箱

在圣地亚哥新儿童博物馆建造、改变展览时，回收来的大量纸箱可以让孩子们进行大规模的堡垒建设，孩子们可以依照自己的方式进行游戏。一个空纸箱在孩子那里变成了各种各样的东西，比如望远镜、手提袋、船、赛车、火车轨道、玩具屋、通往世界的隧道入口……另外，孩子还喜欢在家里钻进纸箱里玩躲猫猫和过家家游戏，在里面用彩笔涂鸦。如果有一个场地，有用不完的各种材料，可以邀请家人和朋友一起参加游戏，鼓励他们创造出任何想象中的造型，孩子们会非常开心。

游戏材料 纸箱、画笔（彩笔、马克笔）、颜料（家里有的涂色材料都可以）、白纸、剪刀、胶带等孩子想到的家里可以使用的工具。

游戏玩法 1. 提供各种大小的纸箱、工具，让孩子进行选择。

2. 家长可以和孩子聊聊：你想要把纸箱设计成什么？例如，我想要设计一艘大船，带上我的小动物们去远航，大船上有舵盘，有旗子……

3. 家长参与进来，与孩子一起设计，把想要的样子可以在白纸上画出来。

4. 开始用工具（手工刀、剪刀）对纸箱进行创造。

5. 造型完成后，可以根据自己的喜好对纸箱的外观进行涂鸦。

家长指导

1. 在进行纸箱创造过程中，家长要放手让孩子去尝试，用刀或其他工具时，家长要注意孩子的使用安全。

2. 条件允许的话，让孩子动用家里的所有材料。

看完以上案例后，请您利用家中的废旧材料，和孩子一起进行创作，分享您和孩子关于纸箱创意的奇思妙想：你们是如何进行实施的？过程中遇到了哪些困难？是如何解决的呢？

成长笔记

读过本章内容，相信您有了很多和孩子互动或深入学习的好主意。在家庭实践中孩子可能总会打破我们原有的安排或计划，试着跟随孩子的节奏，去发现他们身上的优势，支持孩子的学习，把家庭变成孩子的博物馆吧。

请记录下您读过本章后的收获和感受，并用一句话来总结您对整本书的阅读体会。

成长笔记

原图相册

>>> 想观看本章中图片的彩色原图，请扫描文旁二维码。

参考文献

［1］［美］洛蕾塔·矢岛. 儿童博物馆，跨越太平洋的友谊之桥. 博物院，2019（3）.
［2］张旎. 儿童博物馆：从美国到中国. 博物院，2019（3）.
［3］［美］爱德华·P. 亚历山大，［美］玛丽·亚历山大. 博物馆变迁——博物馆历史与功能读本. 陈双双译. 南京：译林出版社，2014.
［4］宋向光. 博物馆类型研究的意义与启迪. 中国博物馆，2019（2）.
［5］［美］莎伦·E. 谢弗. 让孩子爱上博物馆. 于雯，刘鑫译. 南京：译林出版社，2018.
［6］Bandura, A.（1991）. Social cognitive theory of self-regulation. *Organizational Behavior and Human Decision Processes*, 50（2）, 248-287.
［7］Liu, J., Xiao, B., Hipson, W. E., Coplan, R. J., Yang, P., & Cheah, C. S.（2018）. Self-regulation, learning problems, and maternal authoritarian parenting in Chinese children: A developmental cascades model. *Journal of Child and Family Studies*, 27（12）.
［8］Posner, M. I., Rothbart, M. K., & Tang, Y.（2013）. Developing self-regulation in early childhood. *Trends in Neuroscience and Education*, 2.
［9］Robson, S.（2016）. Self-regulation, metacognition and child-and adult-initiated activity: Does it matter who initiates the task? *Early Child Development and Care*, 186（5）.
［10］Vygotsky, L. S.（1978）. Mind in society: The development of higher psychological processes. Cambridge, MA: Harvard University Press.
［11］Shaffer, Sharon E.（2015）, *Engaging Young Children in Museums*, California, Left Coast Press.